世界真奇妙

影响气候的魔手

倪如臣 编

编委会：马万霞　倪如臣　程维勇　余　妍　张　芳　靖菊芳　张　娜　霍桂霞　方　娟
　　　　王　琦　马维玲　金　玲　马万继　张少军　王　琨

金盾出版社

内容提要

《世界真奇妙·影响气候的魔手》一书，结合青少年的知识结构和阅读习惯，精选了青少年最应该知道的、影响人类生存的因气候引发的灾害。面对骤变的气候，我们该何去何从？让我们跟着这本书去寻找造成台风、暴雨、洪水、湿地缩小、森林消失、海平面上升等恶劣气候的答案吧。

图书在版编目（CIP）数据

影响气候的魔手／倪如臣编. —北京：金盾出版社，2016.10
（世界真奇妙）
ISBN 978-7-5082-9858-0

Ⅰ.①影…　　Ⅱ.①倪…　　Ⅲ.①气候变化—普及读物
Ⅳ.①P467-49

中国版本图书馆CIP数据核字（2014）第280186号

金盾出版社出版、总发行

北京太平路5号（地铁万寿路站往南）
邮政编码：100036　电话：68214039　83219215
传真：68276683　网址：www.jdcbs.cn
北京四环科技印刷厂印刷、装订
各地新华书店经销
开本：787×1092　1/16　印张：5.5
2016年10月第1版第1次印刷
印数：1~4 000册　定价：23.00元

目 录

67 ｜ 第三章　生物应对——自然方案

第一章 从头说起——气候变迁

　　人类影响气候，气候也影响人类。自地球在 46 亿年前诞生以来，地球的气候机器不停地运转，斗转星移、寒来暑往，冷暖期交替，自始至终都在不停地变化。影响气候变化的因素有很多，比如太阳辐射、地球运行轨道变化、造山运动、大气环流、冰川、温室气体排放等。气候的变迁是一个漫长而复杂的过程。周期长的可以达数万年、数百万年，甚至数千万年，周期短的也可以是几百年、几十年，甚至几年……且不提那地球历经 35 次的大冰期，光是这几年短期的气候异常就让我们见识了它的威力，如干旱、洪涝、冻害、冰雹、沙尘暴等造成的自然灾害，足以给人类社会带来毁灭性的打击。可想而知，那长期的气候变化，即使是缓慢变化也会给生态系统带来巨大的改变。

银河系与气候（宇宙环境）

关键词★银河·太阳黑子·能量·辐射

有时，气候就像是地球的脾气，在亿万年间不断地变化。所有的动物植物都会被这"脾气"所影响，并且对这一切感到惊恐和敬畏。然而，当我们把目光投向更远的地方，却发现发生在这个星球上的事情真是太渺小了。

银河一粒沙 >>

有人用"海枯石烂"来形容永恒，但是如今我们知道地质历史上这样的事情时常发生。仰望天际，灿烂的银河亘古不变。它显得神秘而博大，似乎更加接近永恒。

太阳在银河系中位于一条叫作猎户臂的支臂上，距离银河系中心约 2.64 万光年，太阳绕银河系中心旋转一周约需要 2.5 亿年。然而有些人注意到，太阳系在运动中会因星际物质的多少而出现伸缩变化。于是，太阳与地球距离也会产生变化，显然地球接受到太阳的辐射就会有很大变化。有些科学家通过对照发现，历史上的大冰期与太阳在银河系中的运动相关。比如，第四纪冰期与石炭 – 二叠纪冰期的间隔约为 2.9 亿年，与太阳在银河系旋转一周所需时间 2.74 亿年接近。

银河系和太阳对气候的影响现在还存在争议，随着天文学和气候学的

◆ 太阳在银河系中位于一条叫作猎户臂的支臂上，距离银河系中心约 2.64 万光年

发展一定会搞清其中的联系。和许多科学的领域一样，这个领域也等待着更多的科学工作者去探索。人类科学的未来将走得更远，走向更加灿烂的境地。

小黑子大能量 >>

地球围绕着太阳转，地球气候的几乎所有能量都来自太阳的辐射。科学家认为，如果照射在地球上的太阳辐射减少 1% 就能引发一场冰期。这种情景就像是如来佛祖翻一下手掌就能制服狂狷的孙猴子一样。然而，地球上的气候变迁真的和太阳有关吗？

早在 18 世纪初，英国天文学家威廉·赫歇尔就注意到，当太阳黑子少时，地球上的雨量也减少。我国著名科学家竺可桢也发现，我国长江流域的雨量与黑子多少成正比；黄河流域则相反，雨量与黑子多少成反比。他根据我国历史上的太阳黑子记录指出，黑子最多的几个世纪，也是我国严寒日子较多的世纪。除了这两个例子，还有许多研究太阳和气候关系的科学家都发现两者存在相关性。虽然在统计学上两者有一定的相关性，但还没有人能准确地解释太阳是如何影响气候的。

我们通常的理解是，太阳辐射的增加和

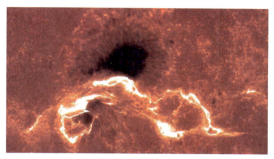

◆ 2006 年 12 月 13 日太阳黑子爆发

减少会直接影响地球接收到的热量，从而影响气候。而太阳黑子活动是太阳辐射增强的重要标志，太阳黑子越多，散发出来的能量就越多。有关太阳对气候的影响有一些推测：比如，有的科学家认为太阳黑子的高发会使地球大气电离增加，进而增强南北大气环流并改变凝结的数量，进而增加降水。还有人觉得太阳活动通过影响臭氧层或地球自转来影响气候，这些理论各有特色也存在争议。

小小爆料台

黑子本身并不黑，之所以看得黑是因为比起光球来，它的温度要低两千度。在明亮的光球衬托下，它看起来像是暗黑的黑子了。黑子的活动周期大约为 11 年，活跃时会对地球的磁场产生影响，通过大气环流影响气候。

◆ 太阳黑子

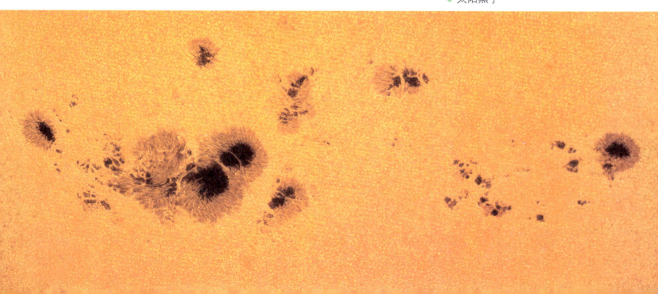

金乌的光芒（太阳辐射）

关键词★太阳·辐射·长波辐射·短波辐射·阳伞效应

早在远古时代，就有神话传说天上有十个太阳，它们是长有三只脚的金乌。后来，十个太阳被后羿射下了九个，还剩一个太阳。最后这个太阳给地球送来了源源不断的热量，温暖着整个地球。

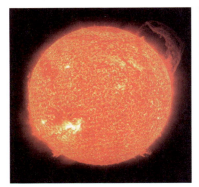

◆ 太阳将光和热源源不断地洒向地球

太阳之子 >>

除了两极地区，这个星球上的人们每天都能见到太阳升起。无论在哪里，寒冷还是炎热、干旱还是湿润，太阳都是一切生命的主宰。如果地球上只有水、大气，没有阳光赐予的能量，那么地球上也会毫无生气。

地球表面的热量来源，除少部分来自于地球内部能量外，其他都来自于太阳的辐射。太阳的光照着海洋、陆地、海水、土壤、山地、植被都会吸收太阳的能量而变热。受热不均的水和空气，就会产生压力差而流动（海水流动成为洋流，空气流动形成风）。气候运转的各个环节，都离不开太阳辐射的影响。

辐射的长短波 >>

太阳辐射是不是只是我们所看见的光呢？其实，我们眼睛看到的可见光线只占太阳辐射的一半左右。另外，还有紫外线和红外线，这两者分别占了 7% 和 43%。太阳辐射波长主要为 0.15~4 微米，其中最大辐射波长平均为 0.5 微米。地面和大气辐射波长主要为 3~120 微米，其中最大辐射波长平均为 10 微米。习惯上称前者为短波辐射，称后者为长波辐射。由于太阳辐射的光集中于短波波段，故将太阳辐射称为短波辐射。接受太阳辐射的地面发出的辐射是长波辐射（红外线）。大气喜

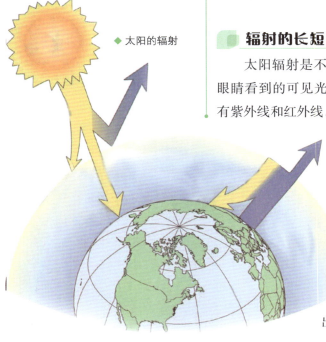

◆ 太阳的辐射

欢吸收太阳辐射中的长波辐射能量，却很少吸收短波辐射。所以，太阳光不直接加热大气，而是间接通过地面辐射。大气得到能量之后自身也会发出长波辐射，辐射向各个方向，其中射向地面的这部分叫作"大气逆辐射"。这部分辐射可以补充地面损失的热量，起到保温作用。

◆ 克里特岛的克诺索斯王宫

阳伞效应 >>

克里特岛是爱琴海上最大的岛屿，3000 多年前的克里特文明以富丽堂皇、结构复杂的宫殿建筑而闻名。今天，已经不存在克里特文明，历史并没有记载下它消失的时间和元凶。究竟是什么原因造成这一古代文明的消失？2006年，有科学家发表论文说，毁灭整个克里特文明的可能是 1万年来最大规模的火山喷发之一。具体来说，是火山喷发所引发的"阳伞效应"。

火山爆发时，喷上高空的大量火山灰和由微尘形成的烟雾，反射了太阳的辐射。照射在地面的阳光减少，气候便会变得异常寒冷。灰尘和烟雾就像一把阳伞，挡住了大量的太阳辐射。太阳辐射的减少，让地面大气温度降低。寒冷的天气导致植物枯萎、庄稼严重歉收，战争、饥饿、动乱成了随之而来的毁灭者。许多王朝的更迭，都与阳伞效应带来的太阳辐射减少有关。一次阳伞效应引起的降温可以毁灭一个文明，应该说太阳辐射变动和气候的关系确实是立"伞"见影的。

◆ 阳伞效应

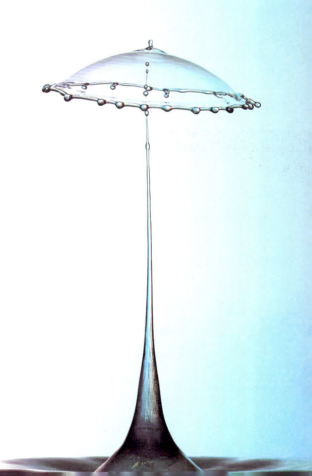

小小爆料台

地球上为什么分热带、亚热带、温带、寒带？由于地球是一个球体，太阳辐射照射地球的能量是从赤道到两极递减的。低纬度地区受到的辐射比较强烈，高纬度地区则比较弱。极地地区还有极昼和极夜，就是一天二十四小时太阳不出来或者不落山。

气候的使者（大气环流）

关键词★风·大气·大气环流·气流·气压

亚里士多德说："风是地球的呼吸。"没错，风就是流动的空气，有大气就会出现风，风可以交换热量。如果没有风，就没有现在这样生机勃勃的自然界。

在地球低纬度地区的一种大气环流，它非常稳定，按时前来，决不轻易失信。因此，人们叫它信风。古代商人利用它推动风帆漂洋过海，从事贸易活动，因此又称贸易风。

◆ 风是一种大气的流动

舞台之大 >>

只要有大气就有大气环流。虽然大气包围在地球的外面，但很厚，而且有很多层，分为对流层、平流层、中间层、暖层等。飞机要飞上天，就是要靠空气对它的抬升力量。起飞初期是在对流层，随后就会升到平流层。因为这里的空气比较平稳，大气环流就是发生在20千米高度以下的对流层。

大气在不断地运动，它所需的能量来自哪里呢？当然是太阳。太阳辐射给地球带来热量，大气也因吸收热量不同而膨胀和缩小。不同密度的大气会产生气压差，从而产生大气的流动。大气运动使地球上的能量和物质不断交换，生成复杂的气候变化。大气的流动就是风，或者说大气通过风的形式流动。另外，由于地球自转，风会相对于地球，沿地球自转的反方向运动。由于不同气压带和区域气压的压力差，风也会受到影响而改变方向。比如，海洋上方的空气和陆地上方的空气，由于受热和水分含量情况不同常常要流动。这种大范围的大气流动就是大气环流。因此，大气圈给气候表演提供了舞台，而大气环流则扮演着信使的角色，它负责将气候变化的信息传送到地球，往往也决定了地球的气候特征。

气压带和风带 >>

古代的航海家和商人们发现在南

北纬 30° 附近的海面上，风很少来这里做客。它们不得不整星期地等候着顺风的到来，没人知道这里无风的原因。那时候，帆船除了装载货物外，还装运许多马匹，长时间的等待让马匹因为缺少草料而死去。马肉又吃不完，没有别的办法，只好把马抛入大海喂鱼。人们因此给这个令人苦恼的无风带起了一个非常古怪的名字——"马纬度"。这里的马纬度其实就是副热带高气压带，这个气压带由于气流下降而少风。然而，这个地区的气流为什么是下降的呢？

由于赤道地区气温高，气流膨胀上升，高空气压较高。受气压梯度力的影响，气流向极地方向流动。又受地转偏向力的影响，气流运动至北纬 30° 时便堆积下沉，使这个区域地表气压较高。所以，赤道地区就形成赤道低气压带，而回归线附近便形成了副热带高气压带。

副热带高压地区的地表气压较高，因此气流又向极地方向流动。在极地地区，由于气温低，气流收缩下沉并向赤道方向流动。

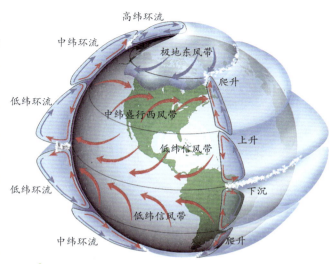

◆ 全球大气环流

来自极地的气流和来自副热带的气流在南北纬 60° 附近相遇，相遇的气流被迫抬升，又形成了一个低气压带，这个气压带就叫作副极地低气压带。这几个气压带之间由于空气流动又形成了风带，风带有六个：极地东风（2 个）、东北信风、东南信风、盛行西风（2 个）。风带和气压带也随季节变化南北移动，因为它们的形成是由太阳辐射决定的。风带和气压带一起，决定了全球气候的格局。

◆ 大气环流

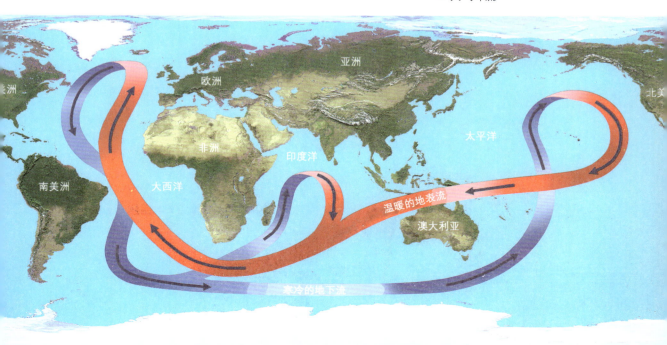

漂流瓶与洋流的故事

关键词★洋流·风海流·漂流瓶·秘鲁渔场·厄尔尼诺

有人把洋流称为海中的河流。的确如此，洋流对于大海就像血管经脉对于人类一样，它每天都输送着大海的能量和营养、调解温差。如果说小小的漂流瓶见证了洋流的运动，这一点都不夸张，因为就是洋流带着它们"闯荡"世界的。

1493年，著名航海家哥伦布率领的船队在海上遇到了强烈的风暴，船有沉没的危险。于是，哥伦布就把从航海日志上摘抄的一些重要情报的信函装在一个瓶子里，然后投入大海，希望西班牙国王能收到。而300多年后，美国的一个船长在大西洋上打捞起了这个漂流瓶，洋流创造了这个奇迹。

◆ 全球暖流和寒流示意图

漂流瓶的足迹 >>

地球表面7/10以上覆盖着海洋，广袤的海洋并不是静止的。海面下，也涌动着长途旅行的暗流。海面的大风会吹动海水，将海面的水吹到很远的地方。盐分高或温度低的海水一般密度都比较大，所以密度相对较大的海水会向温度低密度小的海域流动。风吹动海水的流动，造成的风海流，是大部分洋流的运动形式。

从低纬度流向高纬度的洋流，由于带着低纬的热量，可以使高纬度的海水变暖。这样，暖流经过的地区都会更加温暖潮湿。相反，高纬度的海水流向低纬的时候，当地相对地就会变得寒冷干燥。比如，著名的北大西洋暖流可以让北极圈以内的摩尔曼斯克港口终年不冻，而加利福尼亚寒流则会使美国西海岸变得比同纬度地区寒冷干燥。

如果你从亚热带季风气候的上海扔出一个漂流瓶，它可能会乘着日本暖流到达温带海洋性的日本海岸。然后乘着北太平洋暖流，到达温带大陆性的加拿大西岸。顺着加利福尼亚寒流向南，漂流瓶到达了和上海同纬度的美国西海岸加利福尼亚州。沿岸著名的好莱坞，却是地中海式气候。离开了美国到墨西哥西岸，北赤道暖流把它带到了热带季风气候的宝岛台湾的南部。向北的日本暖流，又可能把漂流瓶带回上海附近的海域。漂流瓶经过许多同样的纬度，见到的气候却各不相同，洋流在其中扮演着十分重要的角色。流动的海水就像一

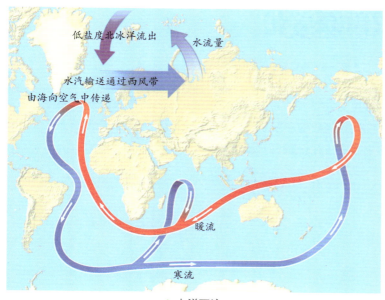

◆ 大洋环流

个传送带，调节着海水之间的温度和盐度差别，从而形成一个有机循环的洋流系统，极大地塑造着气候，维持着全球气候系统的平衡。

厄尔尼诺 >>

任何洋流的改变都会影响全世界的气候。假如南极洲"底部水"驱动的温度和洋流一旦从英国海岸消失，那么这里的冬天就会更加寒冷。比如，现在盛极一时的厄尔尼诺现象其实就是一种洋流引起的异常造成的一系列气候灾害。"厄尔尼诺"在西班牙语中的原意是"圣婴"。相传很久以前，居住在秘鲁海岸一带的古印第安人就注意到这种海洋与天气的关系。它们发现，如果在圣诞节前后，附近的海水比往常格外温暖，不久，便会天降大雨，并有海鸟结

队迁徙等怪现象发生。

秘鲁渔场是世界著名的渔场，那里也生活着许多鸟类。而之所以在秘鲁西部形成这样的渔场，是因为这里盛行离岸风——东南信风。表层海水被吹走，就会有底部海水上翻来补充。海洋底部冷水上翻，带来海底大量营养物质吸引了大量的鱼类。但在某些年份，东南信风减弱，冷水上翻现象消失，秘鲁沿岸由冷洋流转变为暖洋流。秘鲁附近的渔场由于温度升高、营养成分不再涌向海面，浮游生物、鱼类、鸟类大量死亡。与此同时，原来秘鲁附近沿岸干旱气候转变为多雨气候，甚至造成洪水泛滥。厄尔尼诺不是一个孤立的自然现象，它是全球性气候异常的一个方面。在"二战"以来的几十年里，几次重大的"厄尔尼诺"的发生都导致全球性的天气异常。

◆ 厄尔尼诺现象形成示意图

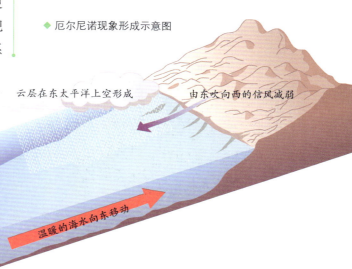

水的旅行 （水循环）

关键词★水·水球·小水滴·云·雨雪

1961 年，苏联宇航员尤里·加加林乘坐"东方 1 号"进入太空，人类第一次从太空中俯瞰了地球全貌。这是一颗充满生机、白云缭绕的蓝色"水球"。大部分的地区都被深蓝色的水体覆盖，其间点缀着斑斓的陆地。

 小小爆料台

世界上最古老的水在哪里？科学家在南非地下约 3000 米的岩缝中，发现了被测定已存在了约 20 亿年的地下水。这是地球上目前已发现的最古老的水，这些水被封在岩石里。更让人惊奇的是，在最古老的水中居然发现了在完全没有阳光和有机物环境下生存的微生物。

地球的水

无论是洁白的巨大的冰山，还是壮观的江河海洋，都是水的舞台。大自然中到处都是水，它们既可以变成乌云遮住天空，又可以变成雨雪润泽大地。就连看不见的空气里，也是有水的，只是这时它是以水蒸气的形式存在的。水就像孙悟空一样变化多端，而且本领高超。它一会儿变成白色的浪花，一会儿变成透明的冰块，一会儿在天空织出彩虹，一会儿帮助生物生长。透明的水就像地球上的精灵，使这个世界变得更美妙。离开了水，动物和植物就会消失，生命也不能存在了。

水的旅程 >>

水在整个地球是循环流动的，通过各种变化和形式循环往复。除了江河湖海中水的流动，水要完成循环，就需要大气的搬运了。由于水是液体，所以，它可以变成水蒸气或小水滴在空气中存在。它有时也会变成雾，空气中的水分可以随着风到处旅行。当温度相对高的空气遇到温度低的空气时，空气里的水就会变成小水滴。小水滴聚在一起变成了白云，向地面降落时就形成了雨雪。如果一股湿润的空气遇到地面抬升到寒冷的高处，也非常容易形成降水。这样，陆地上就可以时常得到海洋水的补给，形成各种气候。海洋和地表中的水蒸发到天空，通过降

降水、蒸发和径流是水循环过程中的三个重要环节

水的形式又落到了地面。落于地表的水，汇聚成小河。很多条小河又汇聚成大河或者湖泊，多余的水则从高处向低处流淌，直至流入大海。也有一部分水没有立刻流进小河，而是渗入地下形成地下水。地下水又从地层里冒出来，经过小溪、江河还是汇入了大海。地球上的水就是通过蒸发、搬运、降落等过程，实现不断的循环。

水与气候 >>

虽然地球上的气候多种多样，不同的地方有不同的风景，但我们不能忽略水循环的作用。水循环对气候的温度变化起到了重要的作用，是联系地球各种水体的纽带，把它看作是地球的重要调节器，它调节了地球各圈层之间的能量和不同地区的冷暖变化，决定着全球的水量平衡以及一个地区的水资源总量。比如在巴西的热带雨林，每天都要下雨，到处都是小溪、沼泽、河流。而撒哈拉沙漠，却是漫天黄沙，寸草不生。沙漠里难道没有水吗？其实，沙漠里也有降水，只是蒸发太强了，而且降水的量又少，所以显得很干旱。

一个地方的降水多少，

◆ 降水

就决定那个地方的气候和自然带（景观）。

近期有科学家研究，全球气温增加，水循环的速度就会加快，水的分布就可能发生很大变化。现在全球变暖的趋势，会导致干旱的地方更加干旱，而原本降水多的时候降水更多。气候和水循环的关系，也让人们对水循环的变化展开更多研究。

◆ 水循环示意图

水蒸气在上升过程中形成云

云产生雨水

地下水注入河流

地面河流

太阳使水的温度升高，变成水蒸气蒸发到大气层中

雨水的渗透

大地的吟唱（陆地）

关键词 ★ 陆地·地形·土壤·植被·气候

陆地是我们赖以生存的场所，土壤是动植物养分的来源。大地就像母亲一样养育着生命，它安忍不动、博大丰富。气候和陆地也有千丝万缕的联系，海陆位置、地形植被、土壤都对气候有着十分重要的影响。

小小爆料台

陆地并不是静止不动的，而是在漫长的地质时期不断变化的。1910年，德国气象学家、地球物理学家魏格纳偶然间发现，大西洋两岸的陆地轮廓是如此的吻合。从此，他便开始了思考和研究，最终提出了板块漂移学说。在喜马拉雅山有海洋生物化石，南极地区发现热带植物化石，许多证据都证明，陆地在亿万年的发展中是不断运动变化的。

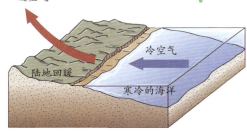

1. 海风

2. 陆风

◆ 海陆位置影响气候示意图

海陆位置

海洋环抱着陆地，长长的海岸线划出了陆地和海洋的区域。在内陆的新疆，人们过着"早穿皮袄午穿纱，围着火炉吃西瓜"的生活。那里降水较少，白天光照强烈，夜晚气候寒冷。而在同纬度的海岸城市青岛，却是温差较小、温暖湿润、气候宜人。靠近海洋的地区，受到海洋的影响，往往是降水较多、温差较小。因为海洋可以吸收大量的热量而温度变化较小（比热较大），陆地表面则是反射阳光较多、温度变化较快。由于这种海陆热力性质差异，海陆之间就形成了气压高低的差异。季风气候就是由于

这种差异导致的，海洋和陆地在不同季节不断地交换着能量和水分。即使是在一天中，在沿海地区，陆地和海洋也刮着方向不同的风。站在海陆分界的地方，白天望着大海时海风拂面而来。而夜晚，风从陆地吹向大海，又讲述着神秘大陆的故事。

地形

在辽阔的大地上，既有平坦的平原也有突起的丘陵山地，既有低洼的盆地也有高耸的高原。这些地形对气候的塑造也有重大作用。陆地的地形在过去亿万年的历史中，经历了沧海桑田的变化。地形的变迁导致了气候的变化，影响了区域降水和生物的生长进化。

由于海拔越高温度越低，含有水分的空气经过地形的抬升容易形成降水。所以，地形很容易塑造气候，

◆ 乞力马扎罗山的自然带

迎风的一面山地往往降水充沛。被山地或高原阻挡的地区，可能会因降水不足而变得干旱。地形影响着降水，降水也影响着气候类型和自然带类型。从沿海到内陆，植物逐渐稀少。从平原逐渐往山地，植被也由阔叶林变为针叶林甚至草甸和荒漠。由于海拔高度的水热差异，同一座山就会呈现出多种自然带的分布。比如，非洲赤道以南的乞力马扎罗山在 1 000 米以下是热带雨林带，1 000 米到 2 000 米是山地亚热带常绿阔叶林带。2 000 到 3 000 米变成山地温带森林带，再往上还有高山草甸带、高山寒漠带、高山永久积雪冰川带。从山脚下往山顶走，会看到截然不同的自然带景色。

土壤

气候的不同，让各地土壤的样子不一样。在我国东北，土壤是黑色的，而华北和西北，土壤又是黄色的。南方地区由于长期降水淋蚀，很多地方土壤成为红色。随着荒漠化和水土流失越来越严重，保护土壤已经变得十分重要。因为土壤的水分含量、肥沃程度，直接决定植被的生长和对水热的吸收。这对一个地方气候的塑造和调节是至关重要的，现在许多植树造林、大兴绿化、保护湿地等措施都是为了保护土壤。

土壤是空气和水分贮存的场所，它的性质不仅影响地表的水分和热量的状况，而且影响与大气的交换过程。土壤的性状，决定动植物的生长状况，也决定着水源的涵养（如湿地）和碳元素的存储。因为含碳气体的温室效应，碳循环对于气候有着至关重要的作用。联合国环境规划署称，仅仅在土壤表层 1 米深的范围内，就固定着 2.2 万亿吨碳，是当今大气含碳量的 3 倍。土壤中的储碳储水功能容易被破坏，却不容易恢复。所以，保持土壤的良性发展和稳定对于控制温室效应至关重要。

◆ 土壤

冰芯里透出的秘密（古气候）

关键词★南极大陆·冰盖·冰柱·冰芯·年轮

静静的南极大陆覆盖着厚厚的冰盖，冰盖最厚的地方达到了几千米。这里人迹罕至，看似毫无生机。极地的寒风暴戾地吹着，这一切似乎亘古不变。但是，有一小队人却在冰盖上忙来忙去，他们用电钻取出长长的冰柱。他们这是在干什么？

岁月的书籍　>>

原来这些人都是研究气候的科学家，但是他们为什么要来到这寸草不生的地方做研究呢？这里除了寒风和一望无际的冰盖还有别的什么东西吗？他们钻出的冰柱里面有什么秘密吗？我们还是从头说起吧！

话说我们的地球在大约46亿年前形成，稍后便有了地球的气候。这40多亿年真是一段漫长的时光，漫长得可以发生许许多多的变化和故事。而人类从产生到现在也只有大约20万年的历史，文明的历史还不到一万年。相比较气候的历史，人类的历史真是太短了！研究地球气候的科学家，不仅要研究现在的气候，还要研究数万数亿年前的气候。

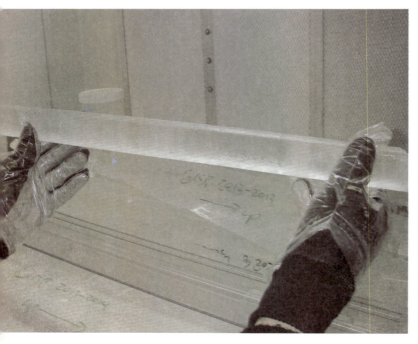

◆通过测定气泡的成分进而推断冰的年龄

可是，用来记录的文字出现才几千年的时光，我们又是如何知道历史记录之前的气候呢？原来，除了前人留下的记录，大自然本身也给我们留下了岁月的线索。比如，一棵几千年的老树的年轮就可以记录这几千年来环境的变迁。南极的积累了上百万年的冰层，正是记录气候历史的"大书籍"。极地地区没有什么外在干扰，过去的冰雪默默地把空气中的信息存储下来。许多年后，科学家们把冰芯挖出来一层一层的分析，就可以了解过去的气候了。

冰芯的记忆 >>

一段冰芯，就是一座大自然的秘密档案库。冰芯就像树木的"年轮"一样，清晰地记录着气候的变化。而南极是最好的选"材"之地。这里沉积了上百万年的层次分明的冰雪：浅色的是夏天的降雪，深色的是冬天的降雪。它们正是记录气候历史的"大书籍"，也是科学家眼中的宝贝。但是，阅读这本"书籍"并不是简单的事情。科学家要不远万里来到南极的冰盖上钻取冰芯的样品，每层冰芯"年轮"里留存着那个年代的空气气泡，通过测定气泡的成分分析和同位素研究等手段来推断冰的年龄。他们根据冰的厚度和冰中的空气及尘埃的多少来判定气候情况。如尘土可以告诉我们风的强度和方向，这样就可以揭开遥远历史的面纱，看到古气候的面容了。

让我们把目光转回南极冰盖上那群人身上，他们生活在新生代第四纪全新世。这个时期气候温暖，人类繁荣并主导着世界，人类创造了灿烂的文明并改变了地球的气候。然而，人类如今也面临着严峻的气候变化问题，他们必须了解气候变化的过去并且面对气候变化的未来。严寒冰盖上的一个个冰柱似乎是希望的火焰，告诉人类过去，引领人类的未来……

◆ 记载"年轮"的冰芯

小小曝光台

要了解古气候发展，我们应该简单了解一下地质时期的划分。从地球形成到现在，可以划分为太古代、元古代、古生代、中生代、新生代。每个带里面划分为若干纪，每个纪里面还有不同的世。

◆ 欧洲科学家在南极大陆钻取冰芯

生命与气候

关键词★生命·环境·恶劣·氧气·全球变暖

　　有生命的地方就会有气候，气候无时无刻不影响着生命。这样看起来好像气候掌握着"主动权"，生命对气候看起来很渺小。实际上却不是这样的，生命和气候几乎是相互影响、相互造就的。

◆ "婴儿时期"地球环境极端恶劣，生命根本没有存活的机会

◆ 太古代地热区，生命的出现，尘土及细菌

生命往事　　>>

　　地球产生不久，地球的环境极端恶劣。陆地上火山大爆发，空气中充满有毒气体。还有彗星和陨石不时地撞击，生命根本没法发展。后来，地球慢慢冷却下来，产生了海洋。海洋内部相对安宁，在那里第一个单细胞生命产生。渐渐地，有一种生命具备产生氧气的能力，随后氧气在大气层聚集渐渐形成了臭氧层。有了臭氧层，生命才有了繁荣的机会。氧气也为生物从简单进化为复杂提供了前提条件。

　　单细胞生物演化出多细胞生物，生命在海洋里逐渐丰富起来。简单的软体虫长上了甲壳，壳下又进化出脚。5亿多年前，节肢动物曾经一度统治着世界，布满了整个地球。它们释放出大量的二氧化碳，使气候变得极其温暖。再后来的一个时代，恐龙等爬行类横行天下，它们消耗大量的植物并且排出二氧化碳和甲烷等气体，导致全球气候也变得温暖许多。恐龙灭绝以后，哺乳类动物开始繁盛起来，其中最杰出的就是我们人类了。和过去的"统治者"一样，我们也让地球变热了。不同的是，人类为这个事情很头疼。

生命改造 >>

动物消耗氧气产生二氧化碳，植物却相反。二氧化碳是有名的温室气体，吸收二氧化碳的植物可以使地球变冷。比如在 4.5 亿年前，含有木质素的植物出现，植物走向陆地大量生长，毫无约束地汲取着二氧化碳。二氧化碳的减少，使地球进入了严寒期。恐龙灭绝后，地球上产生了大量的草地及伴生的软土。草地系统高效的二氧化碳保存机制，也促进地球进入冰川期。除此以外，还有一些藻类，它们在海洋中的分布极为广泛，数量极为庞大。它们也吸收二氧化碳，并参与太阳辐射的反射和吸收。海洋藻类产生氧气的能力比所有陆地植物高七八倍。生物不仅受到气候的影响，还积极地改造着大气、塑造着气候。

气候塑造生命 >>

气候对动植物的改变就更加明显了，没有一次气候的改变不对动植物产生影响的。气候变迁一次次造成死亡和绝望，也一次次地给生命以机会。气候变化让无数物种灭绝，让适应的物种做出了巨大改变。回望过去，我们似乎听到天地间物种的繁盛的强音和灭亡的哀号，这一切又全在气候的一声号令。

地球走过漫长的 45 亿多年后进入了新生代第四纪，那时地球依然是在文明的黑暗中。直到气候无意中给了一个机会。这一次气候

◆ 蕨类植物的化石

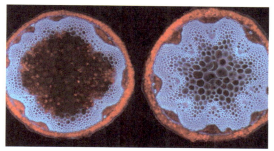

◆ 在石炭纪和二叠纪最占优势的植物类群是蕨类植物，这是由于它们已经基本具备了维管束、木质素（上图蓝色部分）与纤维素的特征，所以才成为地球上植被的主角。

变化让东非的树丛变为草地，人科动物慢慢地放弃了树栖的方式生活。为了能够仰视高的植物和侦察草原上的威胁，他们逐渐采用两足行走的行为。其间，气候又经历数次变化。为了生存，那群勇敢的人科动物走向了全世界。气候的这次变迁直接促进了人类走向文明，早期文明希望的火种又经受着气候寒冷的考验和磨炼。最终，当气候再一次给人类机会时，这个微弱的火种逐渐形成燎原之势。

🔍 小小爆料台

木质素是一种复杂的聚合物。木质素是构成植物细胞壁，具有使细胞相连的作用。它使得早期植物克服重力，从海洋走向陆地。

"地球" 牌冰柜（大冰期）

关键词★冰川·冰期·冰球·冰碛·冰天雪地

现在的南极和北极都被冰雪覆盖着，到处是白茫茫的荒原。而我们生活的地方则生机盎然，有多种多样的植物和动物。但整个地球曾经都像现在的南北极一样，到处是冰天雪地的世界。冰川分布在全球的广大地区，气候十分寒冷，这样的时期称为冰期。

小小爆料台

冰川运动中会携带许多石块或泥沙的碎屑，这些碎屑会沿路堆积。冰雪化了以后，冰里的杂质也会形成堆积物。冰碛可以形成特定的丘陵、堤岸、湖泊等。

冰期之期 >>

冰期可不是短暂的现象，而是延绵上万年的寒冷。地球在40多亿年的历史中，出现过多次显著降温变冷。前寒武纪晚期、石炭纪至二叠纪和新生代的冰期持续时间都很长，通常把这几个冰期称为大冰期。大冰期的时间长达一百多万年，那时的地球是名副其实的冰球。所幸地球形成以来只有一成时间处于冰期，不然生命就不可能繁荣了。大冰期也不是从头到尾都很冷，在它内部也有多次气候冷暖交替。

岁月早已过去，我们怎么知道过去的大冰期呢？原来，主要依据是冰川在地面留下的痕迹——冰碛物和冰水沉积物，再加上元素测定等其他指标就可以确定了。根据科学家的研究，亿年间隔的大冰期有七次，分别是新太古代大冰期、前寒武纪早期大冰期、前寒武纪中期大冰期、前寒武纪晚期大冰期、奥陶—志留纪大冰期、石炭—二叠纪大冰期、第四纪大冰期。

在冰期，降雪没完没了。雪花落地后，逐渐出现圆球状的雪粒。雪逐步密实，然后融化，再冻结、碰撞、压实。这些冰在重力作用下，沿着山坡缓慢滑下，在流动中逐渐凝固，最后就形成了冰川。雪粒转化成冰川冰的时间短的仅几年，长的达数千年之久。

◆ 从上图对北半球的冰川对比中可以看出，最小的黑色区域是温暖的间冰期，最大的灰色区域则是冰期

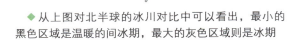

最后一个大冰期 >>

240多万年前，地球进入了第四纪。地球又逐渐变冷，冰川慢慢扩张。冰期最繁盛的时候，冰川占了陆地面积的32%，整个加拿大和北欧都在冰盖的覆盖下。也就是这次冰期的活动，造就了加拿大和芬兰大量的湖泊。它们"千湖之国"的面貌，就是从第四纪冰川退却开始的。

哺乳动物在第四纪的进化主要表现在种类而不是大的类别更新上。第四纪前一阶段更新世早期，哺乳类以偶蹄类、长鼻类与新食肉类等的繁盛、发展为特征。相较于第三纪，第四纪出现了真象、真马、真牛。更新世晚期哺乳动物的一些类别和不少属种相继衰亡或灭绝。到了第四纪的后一阶段——全新世，哺乳动物的面貌已和现代基本一致。第四纪大冰期极大地改变了地球的面貌，但并未造成大规模的集群灭绝。

第四纪大冰期极大地改变了地球的面貌，但并未造成大规模的集群灭绝。相较于之前的大冰期，这一次第四纪有点"心慈手软"。它为物种留了一些"避难所"，使包括人类在内的动物们得以延续。在《冰河世纪》里，人

◆ 冰河时代的地球——大冰期（艺术家想象图）

类和猛犸象等动物和谐相处，在寒冷的世界迸发可贵的温情。只是现实可能比较残酷，第四纪末人类开始大量地捕杀大型哺乳动物，个头不大的人类开始成为最强大的动物。

第四纪大冰期中冰川有数次扩张和消退，现在的地球正处于间冰期。现在的温度也比历史上很多温暖时期略低，第四纪还没有结束。

◆ 南极冰盖。在第四纪大冰期，高纬度气温急剧下降，导致两极地区形成永久冰盖

生命的机会（间冰期）

关键词★冰期·间冰期·大爆发·大灭绝·灭亡

在整个地球气候史中，寒冷的冰期是短暂的。90%以上的时间是温暖的气候，也就是间冰期。对于生命来说，过于寒冷就意味着难以生存。间冰期就是生命繁盛的机会，毕竟我们现在也是在温暖的间冰期里。

◆ 石炭纪的森林

间冰期的机会 >>

在整个地球气候史上公认的两次大间冰期为：寒武纪—石炭纪大间冰期（距今3亿~6亿年，经历了3亿年）和三叠纪—第三纪大间冰期（距今200万—2亿年，经历了近2亿年）。在大间冰期中，整个世界气候温暖。冰川消融退缩，许多生物向高纬度迁移。例如，北冰洋沿岸就曾经有虎、牛等喜温动物活动，说明那时的天气比现在暖和许多。

地球历史上有几次生物大爆发和大灭绝，但是每次灭绝都会有少数生物延续下来。生命的大厦历经了数次倒塌，却总是能在机会再次来临时重新建成大厦。

◆ 寒武纪生命大爆发

生命一路走来 >>

生命，开始于36亿年前。单细胞在地球上生活了10亿年，才产生了大量的氧气。有了氧气，单细胞逐渐聚合形成多细胞生物。6亿年前，水母等动物出现，海洋里一片生机。5.4亿年前左右，地球出现了著名的"寒武纪生命大爆发"。随后，三叶虫等节肢动物遍布全球，成为生命的成功典范。而与此同时，温暖的气候也使得海洋里的生命爬向陆地。距今 4.3 亿年左右，节肢动物走向陆地，并具备了呼吸能力。由于植物在陆地上已经改造了大气，富足的氧气让节肢动物在石炭纪走向繁盛。

早在寒武纪，脊椎动物的萌芽就已经产生。脊椎动物后来产生了鱼类、爬行类、鸟类和哺乳类。第二个大间冰期的三叠纪，爬行动物出现并逐渐繁盛。恐龙成了地球的霸主，统治地球 1 亿多年！天灾和气候变迁导致恐龙灭绝，哺乳动物的祖先在生命灭绝的间隙延续下来。灵敏的感受能力和较高的智力让哺乳类逐渐繁盛起来。哺乳类的恒温特性和进化产生的皮毛，让它们度过了漫长的寒冷。

在后面的间冰期，哺乳类逐渐繁荣，产生了许多分支。包括我们知道的地球上最大的动物蓝鲸，陆地上最大的动物大象，还有老虎、狮子、狗、马等我们熟知的动物。而其中最重要的当属灵长类，因为我们人类就是灵长类的一支。

间冰期内的各种事件也会造成生物灭绝，比如火山的大规模爆发、气候的骤变、超新星爆发、陨石冲撞，等等。生命似乎很脆弱，一个地质事件就能产生大批的灭亡。但生命也很坚强，能在极端的气候条件下顽强地生存下来。一旦大自然提供机会，就会繁盛起来。

◆ 新生代是地球历史上最新的一个地质时代，它从 6400 万年前开始一直持续到今天

小小爆料台

距今约 5.3 亿年的寒武纪，在 2000 多万年时间内出现了突然涌现出各种各样的动物。它们不约而同地迅速出现，像节肢（昆虫等）、腕足（贝）、海绵、脊椎等动物的祖先都出现了。它们与现代动物形态基本相同，形成了多种门类动物同时存在的繁荣景象。

◆ 三叠纪时期，恐龙成为地球的霸主

明朝那些事儿（小冰期）

关键词★明朝·小冰期·气温骤降·康乾盛世·饥荒

人类进入文明时期以来，最寒冷的时期是什么时候？答案是，离现在不远，就在400年前。一不小心，地球迎来了一次小冰期，让我们来聊聊明朝那些事儿吧！

小小爆料台

小冰期就是全新世最暖期之后，冰川中等规模复活的时期。大约从15世纪初开始，20世纪初结束。

◆明代文徵明《关山积雪图》（局部）。画家所处的时代就是小冰期，天气极度严寒

明清小冰期 ≫

明朝是中国历史上重要的时期，一度经济繁荣，国力强盛。但到了中后期，明朝逐渐衰落。那时，整个国家不仅内部朝政腐朽，外部也面临着战争。和少数民族战争不断，加上天灾严重，导致饥荒遍野，民不聊生。最终农民起义爆发了，清军在混乱中控制了整个国家。就这样，又一次改朝换代完成了。但是，历史总是给我们讲述发生过的事件，往往忽略了背后的自然因素。其实，明朝的灭亡和气候有很大关系。

明朝中叶，1500年后，气温骤然下降。1600年至1644年这段时间，气温骤然下降到了千年以来的最低点。气候的变化让粮食产量急剧下降，饥荒遍及全国。看看历史，你会发现，这段时间恰好是明朝衰亡清朝建立。由于这一时期跨了中国明、清两朝，所以在中国也称"明清小冰期"。如果把气候和朝代更替的事件对应，就会发现其中有大量的关联。无论是少数民族入侵还是农民起义，都是因为气候变化导致农牧业遭到打击。寒冷的局面一直持续着，直到康熙年间气候逐渐转暖。历史上的"康乾盛世"，原来在某种程度上也是气候的成全。

欧洲的小冰期

小冰期也影响了欧洲，寒冷让他们也经受着饥荒和战争的折磨。1200 年左右，海冰和风暴使得北大西洋的通航十分困难。由于北方冬季变得较冷，渔民和农民的生活变得异常艰难。在欧洲大陆，13 世纪后半叶和 14 世纪初出现了许多极端天气，耕作的范围不断收缩。

另外，冰川向南部侵袭，山地冰川面积扩大。冰川的增大，直接导致了许多冰川洪水、滑坡等灾害的发生。气候的异常寒冷，还促发了许多战争。著名的欧洲 17 世纪的三十年战争就是在这一时期酝酿和发生的。战争、饥荒和疾病使欧洲的人口大量减少。

寒冷的原因

引起小冰期的原因是什么呢？有一种解释是：16、17 世纪欧洲人踏上美洲以后，疾病消灭了大部分土著。大量无人耕种的土地产生一大批新生树木，它们从空气中大量吸

◆ 17 世纪的欧洲，气候由于小冰期而寒冷化

收二氧化碳。二氧化碳的大量减少，引起气候变冷，导致了这一次的小冰期。近年的一项研究发现，它很可能是四次火山喷发导致的。火山喷发产生大量的尘埃，遮蔽阳光后地球变冷。变冷的气候又让海冰增加，海冰对阳光的反射作用很强。海冰和尘埃形成了组合效应，长时间维持了冷却效应。也有科学家发现，小冰期也与天体引力变化有关。看来，小冰期的形成很可能是多种因素共同作用的结果。

◆ 气候的变化，使气温降低，导致欧洲的农作物减产，饥荒遍野，民不聊生，最终引发了惨烈的三十年战争

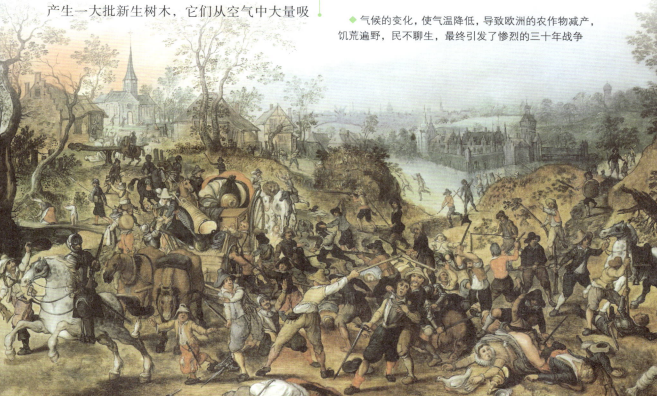

恐龙的终结者之谜

关键词★霸主·恐龙·小行星·撞击·超新星

如果说人类是地球的新霸主，那么从文明产生到现在也不过几千年。和过去地球上曾经的霸主恐龙相比，我们做老大的时间太短了。毕竟，它们支配全球陆地生态系统超过 1.6 亿年之久！

 小小爆料台

也有学者认为，地球剧烈的地质运动导致地球环境变冷。这些运动包括大陆漂移、造山运动、火山大爆发，这些活动导致气候变化。恐龙不能适应这种变化，于是灭亡了。

◆小行星撞击说

天外来客 〉〉

然而，时光荏苒，恐龙的灭绝给我们留下了震撼，也留下了谜团。它们的灭亡到底是什么引起的呢？科学界迄今为止提出了几十种合理的推断和猜想，其中大多数都和气候有关。

最流行的恐龙灭绝起因的解释是小行星的撞击。6500万年前，一颗直径 7~10 千米的小行星坠落地球，引起了地层破裂，火山大爆发。强烈的冲击在全球范围内产生了大海啸和大火灾。从地球内部喷出的巨量尘埃进入大气层，形成遮天蔽日的尘雾。小行星的撞击抛出的有毒气体以及产生的海啸和火灾，带来了第一波死亡。但导致恐龙等物种灭绝的，还在于后来的气候变化。大量的尘雾遮蔽了天空，太阳光很少照到地球，地球陷入一片严寒。由于恐龙已经

◆ 恐龙灭绝是地球历史上的一次大规模物种灭绝事件

适应了温暖湿热的气候，这样的飞来横祸只能导致它们灭亡。

气候才是终结者

小行星灭绝恐龙的理论并不是完美的，许多科学家又提出了其他的观点。他们各有侧重，但大部分表示是气候变化直接或间接导致了恐龙灭绝。其中的一个叫作超新星爆炸说。宇宙的某些超新星爆炸时放出的射线产生出相当高的能量，导致了强烈的"粒子风"并形成大量的云。云雾遮住了阳光，恐龙就这样被冻死了。

气候的变化可能会破坏恐龙的生殖能力，并且导致恐龙蛋难以孵化。一些科学家发现，在恐龙灭绝之前的白垩纪末期，恐龙蛋的蛋壳有变薄的趋势。在一些地区出土的恐龙蛋化石中，临近灭绝的恐龙蛋壳上的气孔比其他时期要少。这些无疑是气候变化的影响，气候骤变让它们没有足够的时间进化而灭绝。

除了外界原因，有人提出也是恐龙自己导致了自身的灭亡。法国的一位科学家就提出了一个有趣的理论。他认为，恐龙每天要吃掉大量食物且不断放屁，它们向空气中释放大量的甲烷气体。甲烷气体会对臭氧层造成破坏，本身也是温室气体。但是，恐龙放屁真的能影响气候吗？科学家的解释是：那时的恐龙实在太多了，生存时间又实在太长了。放屁都能让自己灭亡，恐龙真是太悲剧了。

在恐龙灭绝的时代，地球上的气候曾经剧烈变化。曾经让恐龙繁盛的气候，转眼间又成了刽子手。我国是恐龙化石丰富的国家，四川自贡、云南禄丰等都是著名的"恐龙之乡"。看到那些巨大的骨架，我们似乎看到了曾经叱咤风云的地球霸主的雄姿！

◆ 有些科学家估计，导致恐龙灭绝是由于一颗小行星撞击地球引起了火山喷发、地震，最后引起气候恶化造成恐龙集体消失

新仙女木事件

关键词★冰期·灭绝·植物·警示·灾难

《冰河世纪》里的许多动物好不容易熬过了冰期，眼看气候温暖起来了，却又遭到另一场灾难。1.29万年前，北美长毛猛犸象、剑齿虎等动物突然灭绝……

◆早期人类狩猎猛犸象的情景。1.29万年前的气温骤降，让这个场景永远地消失了。

寒冷突然降临 》》

1.29万年前，许多动物突然消失了，一些原始人类也突然消失。温度骤然下降，紧跟着的是长达1 300年的气候"寒冷期"。这就是新仙女木期，这是一个气候骤变的故事。

这个时期为什么叫作新仙女木期呢？原来，仙女木是北极地区的一种植物，但后来在低纬度地区也发现了它的花粉。由此可以推断北方的冰雪南移，那时气候变得寒冷起来。仙女木时期也分老、中、新三类，只是前两者都不太典型。这一次气候骤然变冷，科学家把它叫作新仙女木事件。这个事件说明气候的变迁也可以像过山车一样剧烈。

大约1.3万年前，南北半球春暖花开，一片生命繁荣景象。就在这时，气温骤然下降，世界各地转入严寒。两极

◆仙女木为矮小常绿半灌木，茎丛生或稍匍匐地面。单叶互生，边缘外卷，生活在寒带地区

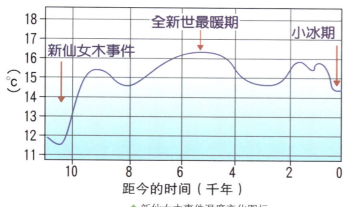
◆ 新仙女木事件温度变化图标

和阿尔卑斯、青藏高原等地的冰盖扩张，许多高纬度地区的动植物大批死亡。这一次降温很突然，短短十年内，地球平均气温下降了七八度。那么，是什么原因导致了如此快速的降温呢？

源自大洋流 >>

有研究人员认为，这次变化的起因来自一次彗星撞击。因为他们找到了撞击留下的纳米钻石，这样的钻石需要在撞击或爆炸产生的高温和高压环境下才能形成。科学家认为，爆炸产生的热量和压力可能融化了冰川，使得大量冷淡水流入大西洋。淡水注入使北大西洋暖流缺乏动力，高低纬度间的热量交换难以进行，从而导致变冷。另一种理论认为，之前大量冰川的消融增加了北大西洋的降水，影响了大气和洋流。在这次变冷中都有一个重要的角色，它就是北大西洋暖流。

北大西洋暖流就像一个巨大的传送带。在北太平洋和印度洋中部，海洋深处有两支冷水往上涌。两支寒流汇合于印度洋西南部，绕过非洲好望角，进入大西洋。一路北上，穿过赤道，流经墨西哥湾，向北开去。到达格陵兰岛南端的时候，它变得又冷又密。又下沉返回太平洋北部和孟加拉湾，形成一个大环流。如果它中断了，冰川就会在这个地区发育。首先是挪威中部的高山、阿尔卑斯山、北美的阿巴拉契亚山，然后，以这些地方为中心，冰川在大陆上铺展，覆盖北欧和北美广大地区。冰川生长又反射太阳光，引起进一步变冷。

新仙女木事件就像是一个气候的插曲，来得快去得也快。它给我们留下了警示，这样的气候突变可能仍然会发生。无论怎样发生，对现在的人类都是巨大的灾难！

◆ 北大西洋暖流（红色）

小小爆料台

北大西洋暖流是大西洋北部势力最强的暖流，是世界上最大的洋流——墨西哥湾暖流的延续。该洋流使欧洲温度比同纬度低许多，是高低纬度热量交换的重要渠道。

一万年不太久（全新世）

关键词★稀少·消失·灭绝·工业革命·全新世

　　10万年前，人类一度像今天的大猩猩一样稀少，严酷的气候让人类差点就消失了。但是，寒冷的冰期以后，人类逐渐繁盛起来。

◆曾经在欧洲大陆上盛极一时的古人类——尼安德特人在2万～6万年前，被一场剧烈而又反复无常的气候变化逼上绝路，最后消失了。

小小爆料台

　　末次冰期指的是在第四纪的更新世内发生的最近一次冰河时期。

◆ 今天的世界地图

文明的火种　>>

　　距今1万年的时候，我们几乎看到了文明的曙光。一个新的时代——全新世到来了！这时气候显著回暖，地球进入后冰期。地球从"末次冰期"进入到比今天更温暖的时代，地球的表面温度逐渐上升了8~10℃。

　　虽然这之间还有气候的波动，但人类无疑进入了比较好的时代。全新世早期，北极和北冰洋的大量淡水从冰里面释放出来，海水淡化了许多。这个过程带来了气温小幅下降。而到了距今4500年到6000年，全球出现了气候适宜的温暖期，世界上很多古代文明就发生在这个时期。在4000年到5000年前，北半球的海冰面积出现过激增，气候又经历一次降温过程。后来又经历了诸如中世纪暖期和小冰期这样的波动，但总的来说气候相对平稳。全新世的温度变化的总体趋势是先升温，然后维持较高的温度，然后降温。人

◆ 人类世是指地球的最近代历史，但并没有准确的开始年份，有人说应从工业革命开始

类的工业化制造了大量的温室气体，新的增温又将来临。而此时的人类，已经创造了灿烂的文明。

■ 进入人类主宰时代 >>

进入全新世，人类对环境的影响就和以往不同了。人类开始主动改变周围的环境，他们发明了牧业、农业。人类逐渐形成氏族社会，形成了复杂的社会关系和丰富的文化。人类氏族社会经历了母系氏族社会和父系氏族社会，奠定了社会发展的雏形。随着人类改造自然的力量越来越大，也逐渐地影响乃至支配生态系统。

全新世也发生了缓慢的持续的生物灭绝，被称为第6次的灭绝事件。涉及灭绝的集群包括哺乳动物、鸟类、两栖类、爬行动物及节肢动物，大部分灭绝都是在雨林内发生。这次灭绝的原因并不完全是人类造成的，也不是气候变化直接导致的。

随着人类的发展，动植物灭绝的速度越来越快。有的科学家提出了人类世的概念，大体以工业革命为界。人类世是与更新世、全新世并列的新地质年代。人类世的人类进入了工业化时代，并且向大气大量排放温室气体和污染。整个地球的面貌得到改变，到处都是人类活动的痕迹。农田、城市、道路成了主角，森林和草原的面积在缩小。气候也发生了变化，全球的气温在变暖。变暖带来许多变化，比如海平面上升、灾害天气频发、局地气候改变。

这一万年，应该说是人类的黄金时代。人类改变了环境并且影响了气候，但是现在看起来改变的并不是很好。生态的恢复和气候的控制，成了人类新的任务。

行走在河南的大象（动物变迁）

关键词★黄土·枯黄·古猿·始祖马·优胜劣汰

河南简称"豫"，在古文中是一个人和一头象的意思。我们知道现在的河南并没有象，这个"象"又是从何而来呢？

◆3000多年前的河南气候比现在湿润多了，森林茂密

气候造就迁移 >>

看过电影《1942》的人，想必对河南的气候有很深刻的印象。冬季的河南大地上，黄土上点缀着几株枯黄的植物，大雪和寒风让受灾的人们难以生存。其他季节干旱和洪涝也经常袭击河南，一切都显示出这里的气候并不是那么好。但在3000多年前的商朝，河南地区是大片的原始森林，大象慢腾腾地悠闲散步。商朝以后气候逐渐变冷，河南的原始森林逐渐消失。气候变迁使大象逃遁到更远的南方，文字还留着一点历史的线索。

除了大象被气候驱赶，不得不离开住的地方。人类的形成和发展，实际也是由气候支配的。大约1200万年前的气候变迁，使得本来生活在丛林里的古猿不得不面对新的挑战。由于生存的需要，他们逐渐发展出了两足直立行走、解放上肢、开始使用和制造工具等能力。在随后的数次全球气候变迁中，人类逐渐形成，并为了生存和繁衍而离开原来的家园走向全世界。对于我们来说，这大概是最直接也是最重要的事情了。

◆人类进化的过程图

小小爆料台

在地质历史上有不下5次物种的大灭绝，有学者称平均每隔6200万年地球上就会经历一次物种的大灭绝。

◆受气候支配的人类进化的过程

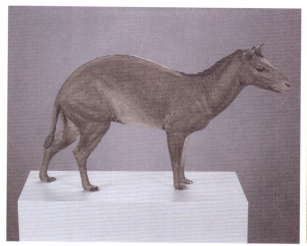

◆ 马的祖先始祖马

◆ 现代马

气候改变外形状 >>

气候对动物的影响还表现在外形和特点的塑造上，马的演化就是一个生动的例子。始祖马并不是现在这样，但由于在一定时期气候干旱，植被状况改变。原来的草由柔软多汁逐渐转变为干燥而粗糙，马的祖先也就逐渐地改变了习性和身体。它们的牙齿变得更适宜吃枯草。由于需要在大面积地区寻找食物，它们需要经常快跑。作为支柱的中趾变得发达起来，于是多趾的始祖马转化成单趾的现代马了。所以，马的进化完全是为了适应干旱而形成的。

其实，动物从进化的开始就一直受到气候的影响，并且调整自己适应气候。早期生命都是生活在海洋中的，它们在水中待了整整35亿年，直到有一部分开拓者走向陆地。除了海洋中的生存空间变少等原因，气候变暖促使地球上出现大片潜水区是重要的条件。没有这种登陆，也不会有后来陆地物种的发展，当然也不会有人类了。

动物进化的过程就是适者生存的过程，气候的变迁就是一种优胜劣汰。在物种灭绝的缝隙中，总有少数动物能够适应变化生存下来。气候的改变尤其是急剧的改变会让许多动物不适应而消亡，而有些动物的特征使它们得以延续。而这之中除了运气以外，它们还要努力进化出适应新环境的本领。

回望漫长的气候历史，我们不禁感慨气候的巨大变迁。公元前1442年，大象从河南出发向南迁徙。1942年，灾民从河南出发向西逃荒。2042年，情况又会是什么样子呢？

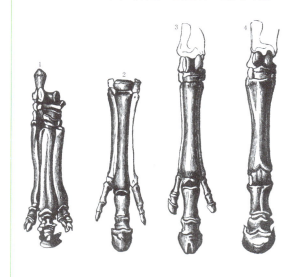

◆ 多趾的始祖马转化成单趾现代马的变化过程

水草丰茂的撒哈拉沙漠（环境变迁）

撒哈拉沙漠是世界最大的沙漠。它位于非洲北部，约占非洲总面积的十分之一。一望无际的沙地，骆驼和仙人掌平添了它的荒芜。虽然同纬度的其他地方生机勃勃，但这里却是地球上最不适合生物生存的地方。

壁画的启示 >>

撒哈拉沙漠常年受副热带高气压带控制，盛行干热的下沉气流。由于纬度较低，太阳强烈地照射着大地。极少的降水和极大的蒸发，让这里成了广袤的沙漠。但撒哈拉的过去却不是这样的。撒哈拉的先人在墙壁上，留下了岁月的彩绘。

1850年，德国探险家巴尔斯来到撒哈拉沙漠，无意中发现岩壁上刻有鸵鸟、水牛及各式各样的人物像。后来，人们发现了更多壁画。壁画中动物形象千姿百态，各具特色。有的动物四蹄腾空、势若飞行，形象栩栩如生，创作技艺非常卓越。

从这些图像可以推想出古代撒哈拉地区的环境面貌。水牛、象、河马和犀牛等生活在热带草原的动物，寓示着过去这里的环境是温和湿润的。一些壁画上绘有古人划着独木舟捕猎河马的场景，也说明撒哈拉曾水源充沛。

看看现在的沙漠，很难想象撒哈拉过去的样子。撒哈拉沙漠的故事，也是气候的故事。

◆ 撒哈拉沙漠壁画表明撒哈拉沙漠曾是一片水草丰茂、牛羊成群的世外桃源，是气候变化塑造了撒哈拉沙漠今天的样貌

另一个荒漠 >>

撒哈拉沙漠是世界第一大沙漠，但是却不是世界最大的荒漠。环境的变迁也在另一个地方得到了很好的诠释，那就是——南极洲，世界第一大荒漠。

南极大陆的年平均气温为 –25℃，终年盛行暴戾的极地寒风，可以说是寸草不生的荒漠。但是你可曾知道，这块大陆曾经生长着大量的植物。在南极，人们不仅发现了煤层，而且还有许多动植物化石。南极洲和大量的动植物化石，好像并没有什么关系。

原来，南极洲气候变迁源于大陆的漂移。以前南极大陆并不在现在的位置，它是从冈瓦纳古陆分离出来的。直至 6700 万年前，这块大陆还处于温暖时期。在 3.5 亿年前，地球经历了大冰期。但从冰碛遗迹与植物化石和煤层可以看出，那时的南极洲仍然有大量生物。然而，2.5 亿年前，印度与澳洲和南极洲分开。5300 万年前，南极洲最终脱离了温暖的古陆，与澳洲分离，孤独地向南漂去。直到 3900 万年前左右，南极到了今天的位置，冰期后就彻底成了一个荒芜的冰冷大陆。

这样的反差不禁让我们惊讶，撒哈拉的大象、水牛今何在？南极洲的蜥蜴今何在？说到底，环境的沧海桑田还是要归因于气候变迁的神奇力量。

◆ "南方大陆"——冈瓦纳古陆（冈瓦纳古陆又称"南方大陆"，大陆漂移说设想的南半球超级大陆。包括今南美洲、非洲、澳大利亚、南极洲以及印度半岛和阿拉伯半岛等地区）

小小爆料台

2012 年 6 月 19 日，美国研究人员的分析报告显示：在一千多万年前的中新世中叶，南极洲气候比现在温暖湿润，足以支持边缘地带生长植被。因为他们通过在南极洲附近找到的沉积物岩芯中发现大量花粉和海藻，由此怀疑中新世中叶的高纬度地区可能比现在更暖和。而且在罗斯冰架的沉积物岩芯中还发现了植物叶蜡残留。

◆ 世界第一大荒漠——南极洲

拿破仑远征败给了谁（气候影响历史）

关键词★叱咤风云·拿破仑·所向披靡·寒冷·暴风雨

1812年，叱咤风云的拿破仑率领60万大军，开启了对俄国的进攻。拿破仑卓越的军事指挥才能，加上庞大的部队和善战的将军，军队不足20万的俄国似乎没有胜算。但是，法国大军并没有所向披靡，西伯利亚派出了最强大的武器——零下40℃的严寒……

小小爆料台

法军启程不久便遇上了暴风雨，马车和许多物资都被困在泥泞中。随之而来的是炎热的袭击，炎热让许多士兵生病，并且严重缺水。

◆ 1812年6月，拿破仑率领60万大军远征俄罗斯，最后却被严寒所困，铩羽而返

欧洲皇帝的惨败 >>

拿破仑统一了欧洲大部分国家以后，决心解决最后一块土地——俄国。身经百战的他，对俄国的天气也有一定的估计。他打算在俄国严冬到来之前结束战斗，并且带上了大量的物资。俄国夏秋的极端气候使得拿破仑部队严重减员。这显然不是好兆头，但意志坚定的拿破仑决心要在寒冬到来之前赢得一场胜利。

但是，战争的进展并不如拿破仑所愿。法军追击，俄军就撤退。当法军到达莫斯科时，俄军留给他们的是一座焚毁的空城。而法军的运气太糟糕了，接着就是寒冷天气无情地折磨着他们：

零下30多度的低温，暴风雨肆虐，牲畜冻死，后勤补给难以到达，有些衣衫单薄的法军士兵的耳朵和鼻子被冻掉，冻死的屡见不鲜。极端的寒冷气候使他们的武器更是难以发挥作用。寒冬就是俄罗斯的利

◆ 1941年的莫斯科保卫战，冰雪天气又一次帮了苏军的大忙

器！在这样的情形下，拿破仑只有撤军。但是，随后俄军在法军仓皇撤退中予以追击。法军遭受惨败，拿破仑带着15万残余军队回到法国。这次法俄之战影响深远，拿破仑帝国从此由盛而衰。

从这里我们能看到，强大的法军几乎是完全败在了气候的手下。这也是不了解气候而导致的恶果，世界历史就这样被气候改写了。

第三帝国受挫

然而，这样的事例却不止这一个。在苏联，同样是叱咤风云的常胜军，希特勒重蹈覆辙。1941年，德军对莫斯科发动了代号"台风"的大规模攻势，妄图速战速决。现实却没有像希特勒想象的那样，速战变成了持久战，严寒又一次帮助了苏军。德军没有足够的棉衣，飞机和坦克也无法发动。习惯寒冷生活的苏军身着棉衣、皮靴和护耳冬帽，英勇地击退了侵略者。最后，苏军取得了莫斯科保卫战的胜利。气候又一次扮演了影响历史的角色。

蒙古帝国的无奈

许多时候，历史都在某些节点上改变了方向，气候在这些节点上就扮演着重要角色。不了解气候的特点和变化，往往会在战争和管理等方面吃大亏。

13世纪时，忽必烈一心想征服日本。1274年，他派出一支900艘战舰组成的舰队东征日本，遭到日本人的顽强抵抗。在撤回途中，遭遇台风，很多舰船沉入海底。7年后，忽必烈又派出近4000艘战舰，再次东征。日本人以石墙为掩护，与蒙古人激战。就在元军快要胜利之时，海面突然刮起了猛烈的大风。大风持续了4天，元军全军覆没。后来人们发现，元军遇到的是两个大台风，而选择大风季节出战显然是错误的。

◆ 蒙古与日本的海战

改朝换代的幕后推手

13世纪初，成吉思汗率领蒙古铁骑挥师南下。从那时起，彪悍的蒙古军队征战四方，建立了横跨亚欧的庞大帝国。那么，到底是什么原因让他们选择走出草原，征战世界的呢？

五胡指匈奴、鲜卑、羯、羌、氐。五胡乱华是中国西晋时期，塞北多个胡人的游牧部落联盟大规模南下建立胡人国家的时期。百余年间，北方各族及汉人在华北等地区建立了20多个大小各异的国家。

◆南征北战的蒙古人

天公不作美

10世纪气候转暖，北方游牧民族人口逐步增长。但到了12世纪，中国北方气候剧变，蒙古草原上的牧草大量冻死。游牧民族的生存资源越来越少，蒙古部落在相互讨伐中形成了一支精悍的部队。成吉思汗带着自己的部族南征北战，最后建立了横跨亚欧大陆的大帝国。由此可见，气候的变化是促使他们走出草原的直接原因。

历史上许多王朝的更替，都是有气候背景的。中国古代社会是农耕社会，人们紧密地依赖着土地，而土地又依赖着"天公"。一旦气候使庄稼遭受严重打击，社会就不稳定起来。加之中国大部分地区是季风气候，季风来的早晚和强弱都无法预估，非常容易产生干旱和水灾。

◆ 13 世纪蒙古人的生活场景图

唐末就是持续高温引发的蝗灾使人们颗粒无收，进而引发了农民起义。明朝后期，遭遇了世界范围内的小冰期，因而促进了李自成领导的农民起义和清军入关。

暗合的历史 >>

从距今 1 万年开始，冰川大量融化，气候显著转暖。公元前 3000 年至公元前 1000 年，就是中国文明史上的第一个温暖期。中华文明就是在这样的一个良好气候环境中开始的。然而到了公元前 1000 年左右，气候转而变得寒冷。周朝衰微，周幽王又来一出"烽火戏诸侯"，西周最终被少数民族所灭。三国过后晋朝时期的"五胡乱华"，正是世界气候史上中古的大寒冷时期，导致北方族群为躲避寒冷纷纷南侵，在欧洲也出现了大规模的"蛮族大入侵"。

游牧民族的生活方式决定了他们对气候的依赖。他们往往逐草而居，气候温和草原丰茂。而一旦气温下降，游牧民族唯一的生活来源——牛羊等牲畜就会缺少食物。游牧民族的生存困境必然导致他们对南方农耕民族的侵略，说到底背后的推手还是气候。比如，名震世界的蒙古帝国的崛起就是最典型的例子。

气候未必能决定历史，却可以改变历史。科学不能替代人文，但可以为人文艺术提供一个可贵的角度。朝代兴衰就像一面镜子，照见气候变迁的踪影。

◆ 欧洲的蛮族入侵罗马

第二章 魔手到来——全球变暖

　　酷暑难当，热浪袭人；低温严寒，冷气逼人；风暴来袭，洪水肆虐；暴雨倾盆，水漫成灾；海平面上升，低地变泽国；冰川消退，岩石裸露；干旱缺水，粮食危机……近年来的地球好像被无形的大手调整到了混乱的模式。我们赖以生存的家园究竟怎么了？

　　究其原因，原来由人类自身造成的全球变暖已经到来。科学家通过长期追踪观测发现，长久以来地球的气候一直在不停变化，从寒冷的冰河世纪到热得像烤箱一样的时期，而在最近100年里，全球平均气温大约增长了0.8℃，但到21世纪末，全球的平均气温将会增长1.1–6.4℃。而这是因为长期以来，人类由于工业的发展，大量使用化石燃料，排放出二氧化碳和甲烷等温室气体，是使太阳的热量散发不出去，使地球像温室一样，温度不断上升，冰川消融，海平面上升，而我们最切身的感受就是气候极端事件频发，灾害连连。既然如此，我们是袖手旁观，还是积极应对，就成为每一个地球人应该认真思考的问题。

温室里的花朵（温室效应）

地球是我们人类的母星，上面生活着无数的动物和植物。地球是生命的摇篮，也是宇宙中温柔的伊甸园。这样说一点都不夸张，因为和其他行星相比，地球是唯一适合生命生存的地方。每当春天来临，鲜花盛开，我们不禁要赞美大自然，赞美地球的造化。

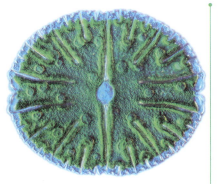

◆ 蓝绿藻

本应是冰球　>>

许多行星都是极热或者极寒的，根本不适宜生物命的生存。为什么唯独地球不同呢？原来太阳与地球的距离比较适中，照到地球的阳光强度也比较适中。但是我们知道，地球的历史上有几次极寒的情形，地球为什么没有成为一个冰球呢？

23亿年前，一种叫蓝绿藻的细菌具备了释放氧气的能力，大量的氧气使大气中当时丰富的温室气体甲烷很不稳定。在至少10万年的时间内，地球没有了甲烷，全球温度下降到零下几十度。几乎整个地球都被冰覆盖，就连赤道也不例外。

按理说，这样的结局应该就是地球的命运了，地球成了一个冰球。但在厚厚的死寂的冰层内部，第一口火山打破了死寂。接下来是地球火山大爆发的时刻，火山把大量的温室气体带到大气中。温室气体产生的温室效应逐渐融化了坚冰，让地球重新苏醒。如果没有这些温室气体存在，地球的表面温度将较现在低32℃，即从现在15℃下降为－17℃。

◆ 蔚蓝色的地球

小效应大温室 >>

然而，什么是温室效应呢？如果你进过防冻的玻璃房或透明塑料薄膜大棚，你或许能感受到温室效应。这样的温室室内温度高，而且不太散热。

地球就像一个温室，但这个温室既没有塑料膜也没有玻璃。地球温室的保温靠的是温室气体，也就是大气中的二氧化碳和甲烷等。

太阳对地球照射的时候，地表接受的是短波辐射，但地表向外发出的却是长波辐射。如果没有温室气体，这样的辐射会直接被反射到太空中。地表接受太阳辐射时变暖，没有太阳时就会迅速降温。这样的地球就容易变为冰球，冰球再反射阳光，冰球就一直冰下去。

但是，空气中的温室气体可以吸收长波辐射，这就等于一层类似玻璃和塑料薄膜抓住了热量，使得本来要逃走的热量继续留在地球上。这样就使地表与低层大气温度增高，这种作用和栽培植物的温室像极了，所以叫作温室效应。

我们应该感谢温室效应，如果没有它，地球会变得异常寒冷。大气中吸收长波辐射的主要气体是水蒸气、二氧化碳和甲烷，它们在大气中含量极少，却极其重要。这些气体在吸收热量之后就变得不稳定，最终会把热量释放出来。热量一部分反射回地球表面，一部分在大气中传递。这既加热了我们的世界，也造成了对流层的对流。

生命的花朵就是在这温室中生存的，没有这个温室，也就不会有我们了。

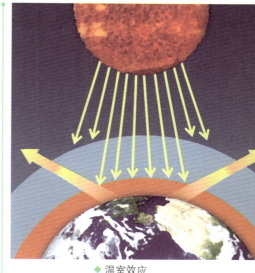

◆ 温室效应

◆ 温室效应示意图

小小爆料台

太阳辐射波长主要为0.15~4微米，其中最大辐射波长平均为0.5微米。地面和大气辐射波长主要为3~12微米，其中最大辐射波长平均为10微米。习惯上称前者为短波辐射，称后者为长波辐射。

太阳辐射

大气层

N_2O SF_6 CH_4 CO_2

地球

发烧的地球（全球变暖）

关键词★温室效应·金星·硫酸云·二氧化碳·酷暑

没有温室效应，我们的星球就会是冰球或雪球。作为温室里的花朵，我们应该庆幸。但是，有了温室效应，是不是就可以高枕无忧了呢？

◆ 金星的大气

小小爆料台

金星是一颗类地行星，按距离太阳由近及远的次序排列为第二颗（地球是第三颗）。因为其质量与地球类似，有时也被人们叫作地球的"姐妹星"。

地球好温室 ≫

让我们来看一看我们的邻居金星，看看温室效应的另一种样子。金星离太阳近一些，但表面覆盖着深厚的硫酸云，只有不到 2% 的阳光可以照进去。但是，金星的温度却高达 480℃，照射进去的阳光几乎都被留在了表面。这个温室太给力了，只是因为金星的大气层大部分是二氧化碳。

回到地球来，如果地球这个温室基本不变。除了陨石撞击和大型火山爆发，我们还是比较安全的。而这两者发生的概率比较小，而且有比较长的周期。但是现在，大气中的温室气体增多了，地球要变热了。

变暖、变热 ≫

增多的温室气体主要是二氧化碳，它来自人类的生产生活。工业革命以来，机器就没有停止过。而机器的动力

▸ 工业生产排放出大量的温室气体

来自化石资源，诸如石油和煤炭的燃烧产生大量二氧化碳。二氧化碳的增加，导致温室效应加剧，全球气温升高。动植物开始有点不适应，人类也开始担心起来。

如果二氧化碳继续增加，地球会不会变得不适合我们居住？答案是肯定的。如果人类继续按现在的发展速度发展，燃烧更多的化石燃料，温室或许会变成烤炉。

不过，变成烤炉的时间还很长，而全球变暖直接导致现存冰盖、冰川、积雪的消融，消融后会导致严重后果。首先是人类经济大部分建立在沿海三角洲或低地平原，这里人口也十分密集。冰雪融化导致的海平面上升，将威胁他们的生存。其次，冰雪融化或将破坏现有的大气和洋流，给适应了现有格局的人们带来无尽的麻烦。除了人类，地球持续升温还会使生物灭绝速度加快。

除了排放温室气体，人类的活动还破坏了大量的植被和湿地，使得二氧化碳的吸收作用减弱，减弱了自然的调节能力。因为气候变暖成了人类生存和发展的一个威胁，于是人们开始关注它。虽然对于是否变暖，有的人依然表示质疑。但是，大多数人已经承认了这个事实。

近年来，许多地方出现酷暑，最高温度不断被刷新。炎热已经最直观地来到人们面前。有许多动物都因为炎热而灭绝，有些生存艰难。如果再无所作为，未来就真的会出现生命不可承受之热了！

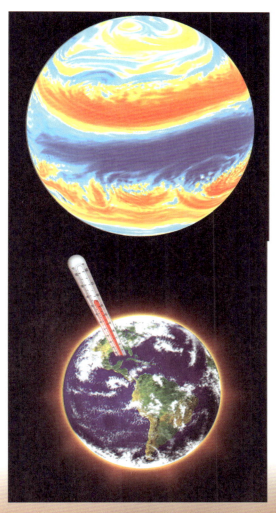

◆地球发烧了

◆太阳穿过厚厚的云层，天空像燃烧的大火球一样一片血红

二氧化碳和它的伙伴们

关键词★全球变暖·二氧化碳·温室气体·光合作用·气温变化

随着全球变暖的加剧，越来越多的人知道二氧化碳这种气体。二氧化碳似乎成了坏东西，一时间人人厌恶。但在每1000个大气分子中，二氧化碳分子连4个都不到。

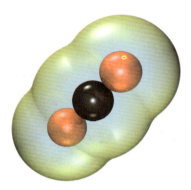

◆ 二氧化碳分子

◆ 二氧化碳的排放

温室气体队长 >>

二氧化碳在大气中含量极低，但它对生命贡献重大。由它领衔的温室气体，在一定程度上，使现在地球表面平均温度稳定在15℃左右。如果地球大气的二氧化碳达到1%，其他的都不变，整个地球的表面温度会高达100℃！

二氧化碳并不是人类带来的，而是一直都有，并且是生态圈不可缺少的一环。它是植物光合作用的养料，也是动物排出的副产品。它可以由植物和含碳物质化学变化而来，也可以通过火山等方式直接释放。二氧化碳因其对温室效应的贡献最大而最受关注，占了55%左右。还有一个因素，二氧化碳可由人类活动大量直接产生。在地球历史上，大部分气温变化都与这种气体有关。

温室气体队员 >>

二氧化碳并不是气候改变的独家代表，它还可以是水蒸气，而且水蒸气比甲烷的吸热能力更强。地球上广泛分布着水蒸气，为什么没有去责怪水蒸气呢？因为水蒸气可以变成云，云可以反射太阳光。总的来说，云的反射与吸收的热量基本持平，所以云几乎不会增加全球的温室效应。

甲烷是排在二氧化碳之后最重要的温室气体。虽然在空气中占的比例非常小，但捕获热量的能力比二氧化碳高60倍，只是在空气中留存的时间要短一些。据估计，甲烷将在本世纪的全球变暖中起到15%~17%的作用。但是，全球变暖带来的冻土融化和"可燃冰"释放可能会释放大量的甲烷气体。

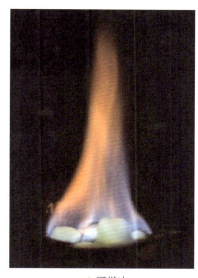

◆ 可燃冰

还有一些气体在空气中的比例更小，但是它们的温室效应能力却不小。一氧化二氮捕获热量的能力比二氧化碳高270倍。目前，大气中的一氧化二氮比工业革命开始时多出了20%。温室气体中最稀有的是氢氟碳化合物和氯氟碳化合物家族成员，它们捕获热量的能力比二氧化碳强上万倍之多！

目前，空气中增加的温室气体主要来自人类工业活动。人类如果转变发展方式，全球变暖的速度也会相应地减缓。当然，大自然可能会有自己的平衡机制，毕竟，二氧化碳和它的朋友们并不是一群捣乱者。

小小曝光台

天然气水合物是分布于深海沉积物或陆域的永久冻土中，由天然气与水在高压低温条件下形成的类冰状的结晶物质。因其外观像冰一样而且遇火即可燃烧，所以又被称作"可燃冰"。

◆ 海底的甲烷。甲烷是最简单的有机物，化学式 CH_4

人口大爆炸（人口增长）

当你翻过书页的时候，此时此刻，在世界的某些地方，就有人出生。读完一句话，也许就有几个新生儿来到这个世界上。全世界平均每天新增约20万人口，一觉醒来，这个世界变得更拥挤了。人口在爆炸！

小小爆料台

历史上最早提出"人口论"的人其实在中国。清朝乾隆年间，一个叫洪亮吉的进士发现了人口过快增长的弊端。他明确指出，人口无限制的增长必然导致生活资料不足，最后影响社会安定。他的著作《意言》比西方学者马尔萨斯发表《人口论》还早5年。

从10亿到70亿 >>

在第四纪冰期，人类差点灭绝。而随着气候转暖，人类这个物种逐渐繁衍强大，成了地球上的霸主。自然界再没有哪种动物是人类的对手，但是人类却还要受到许多条件的制约。过去，医学不够发达的年代，人口的死亡率比现在高很多。一场传染疾病的流行，会让许多人丧生。经济不发达的年代，营养补给往往也不足，出生率高死亡率也高。但是，人类总数大体上在缓慢增长着。1800年后不久，世界人口达到了10亿。第二次世界大战之前，人口增长非常缓慢。但战后，人口大幅度上升，到现在人口已经超过了70亿。如果你对70亿这个数字感到惊讶的话，那我可以告诉，你2050年可能是100亿！

第"60亿宝宝"今何在 >>

2011年10月31日，在菲律宾首都马尼拉的一家医院，地球上的第70亿个人降生了。这个宝宝很幸运，刚出生就得到广泛关注和资助。但是，很多人却不再对这种人丁兴旺感到高兴，他们对人类前途充满担忧。

1999年10月12日，波黑宝宝梅维奇成为全球第60亿个人，被称为"第60亿宝宝"。十几年过去了，这个宝宝如今却生活在贫民窟中。那里人口拥挤，卫生和教育等条件差，经济贫困。生活污水四处横流，垃圾废物堆积成山。像梅维奇这样的孩子还有很多，贫困让人口增长成了苦难的根源。在非洲，每年有大量的新生儿，由于没有充足的营养和卫生教育条件，他们成了几十亿地球人当中最悲惨

◆ 全球第70亿个人——丹妮卡·卡马乔在菲律宾降生。

◆ 第60亿宝宝梅维奇

的一群人。

失控的人口 >>

现在的地球已是人满为患。人口爆炸式的增长意味着资源需求爆炸式的增长，意味着本已缺乏的资源更加缺乏了。尤其是在发展中国家，文教卫生条件的落后，导致人口大量增加。大量的人口往往造成对自然资源破坏性的掠夺，生态进一步恶化。从这一点来说，落后地区的人口增长显然是不可持续的。

当今世界，淡水在许多地区都非常缺乏。许多人无法得到干净的饮用水，生活用水也很少。有人说，未来的争端可能不仅是石油的争夺，更多的是水的争夺。更多的人需要更多的食物，发展中国家工业化水平低，加之土地有限，未来会有许多人缺乏食物。

◆ 饮用水缺乏

对于整个世界来说，人口的增长带来新一轮更大规模的工业化。消耗更多的资源，排放更多的温室气体和污染。这无疑会破坏生态，加剧全球变暖。许多动物和植物因为人为破坏和掠夺性使用而灭绝，而所有这些最后都会让人类越来越被动。

◆ 人满为患的地球

机器总动员 （工业化）

关键词★工具·机器·石油·煤炭·全球变暖

　　不知从什么时候开始，人类的祖先学会了使用工具。也就是这个改变，使得人类区别于其他动物。灵长类动物中也有很多会使用工具，但没有一个像人类那样杰出。看看现在的世界，到处都是最杰出的工具——机器。

◆ 现代化的工厂

机器一响，油、煤万两 >>

　　我们的生活已经离不开机器了，现代生活跟着机器一起运转。但是，我们的先辈却花了很多时间去摸索、创造机器。18世纪后期，第一次工业革命开始，机器真正意义上出现。从此，人"跑"得越来越快，长出了"翅膀"。他们的感觉和运动能力，都由于机器得到放大和提高。机器替人做了很多事情，人就可以把更多的精力放在科学文化上了。可以说，机器是人的能力的延伸，是人类强大的工具。

　　工业化是以机器的使用为核心的，而煤炭和石油等化石资源是机器的动力。每天，无数的机器日夜不停地运转着，它们的运转也不停地在耗费煤、石油和天然气。以石油为例，国际上以桶来作为单位，一吨石油大约可以装7桶。现在，全球每天大约消耗9 000万桶原油！不知不觉中，全球的化石资源越来越少。再过几十年，许多资源都会面临枯竭。机器的强大来自大量的煤和石油，而煤炭和石油都来自大

◆ 工业革命

地母亲的一点点"存款"。

机器的呼吸 >>

　　燃烧石油和煤炭除了产生各种污染物以外，还会释放出大量的二氧化碳气体。二氧化碳是主要的温室气体，全球变暖的源头就在烟囱和排气管里。包括人类和其他动物吸收氧气释放出的二氧化碳，本身的呼吸为自然产生了许多二氧化碳。同时，植物吸入二氧化碳释放氧气，基本可以和动物达到平衡。然而现在，机器的"呼吸"消耗更多的氧气，释放更多的二氧化碳。

　　每天数以亿计的汽车在全球各国的道路上行驶，"一呼一吸"间就是全球变暖。可以说，工业化是人类导致气候变化的直接原因。而令我们担忧的是，现在仍有大部分国家没有完成工业化。世界人口最多的国家大多数是发展中国家，这就意味着还要有更大规模的工业化。整个人类对能源的需求量依然会大量增长。

　　虽然全球变暖有很多原因，温室气体的来源也多种多样，但毫无疑问的是，人类工业化的过程中向大气排放了大量的温室气体，这些温室气体足以引起气候变化。机器的运转使得亿万年前储存在地下的炭，在短期内以二氧化碳的形式释放到大气中。我们每个人在享受机器带来的便利的同时，也不要忘记自己也是气候变化的推动者。

◆ 公路上的汽车

小小爆料台

　　据美国石油业协会估计，地球上尚未开采的原油可供人类开采不超过95年的时间。也有人估计的时间更短，乐观的估计超过一百年。如果不采取措施，不久的将来，全世界会面临严重缺油。

工业废气排放出大量的温室气体

受伤的地球之肺（植被减少）

关键词★动物·氧气·植物·光合作用·二氧化碳

大气中的二氧化碳总量基本是稳定的，但在一年中的四个季节里有很大的波动。在夏季，二氧化碳的量大幅减少，而冬季则又增加。这是什么原因呢？

绿色的呼吸

春夏来临的时候，大地上的植物渐渐苏醒过来。阳光普照下的植物吸收大量的二氧化碳来进行光合作用。而冬天，温度下降，光合作用大大减弱，空气中的二氧化碳便越积越多。所以，由于植物的节奏，温室气体也跟着消长。

我们知道氧气对人类及其他动物的重要作用。氧气是我们呼吸所需的气体，也是我们生产生活的必要气体。植物吸收二氧化碳，释放出氧气。正是因为有了这样神奇的呼吸，动物才得以存活下来。地球上存在着各种各样的植物，它们不仅给我们提供了最基本的食物，还提供了许多生活用品。而由于人类对植物的肆意破坏和利用，已经造成了严重的生态问题。

地球的咳嗽

地球之肺——森林通过绿色植物的光合作用，不但能转化太阳能而形成各种各样的有机物，而且靠光合作用吸收大量的二氧化碳和释放出氧气。它维系了大气中二氧化碳和氧气的平衡，净化了环境，使人类不断地获得新鲜空气。但是，由于人类的肆意开采，森林资源已经大幅减少。在巴西，热带雨林被大量破坏，人类的贪婪让这片绿色天堂千疮百孔。过去的几十年，人们不计后果地大量砍伐热带雨林树木。有人统计，

◆植物的光合作用示意图

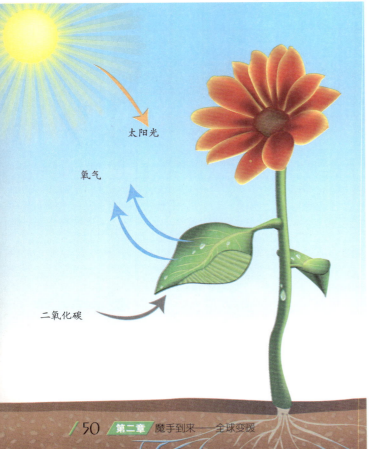

太阳光

氧气

二氧化碳

热带雨林的消失速度每秒钟就有一公顷！热带雨林水热资源丰富，呼吸作用强，是名副其实的"地球之肺"。而由于人类的过度开采，现在面积已经明显缩小。而遭到砍伐或焚烧的雨林在雨水的冲刷下，土层变薄乃至消失，就会造成一片片荒漠之地。

同样遭到破坏的还有许多国家广大的森林，由于人口快速增长，森林逐渐消失。人们在经济利益的驱使下大量开采，已经导致了严重的生态后果。而从气候角度说，这样的破坏降低了自然调节气候的能力，使气候变得越发不稳定起来。因农业开发而大量焚烧的树木和植物又会释放更多的二氧化碳气体。此外，森林的消失尤其是热带雨林的消失，必将导致大规模的生物灭绝。

植物是我们的保护伞，是我们赖以生存的资源。如果我们只顾眼前利益滥砍乱伐，最后伤害的只能是自己。森林是天然的净化

◆ 生机勃勃的亚马孙雨林

器，没有了"地球之肺"，最后只有让有毒物质进入人类之肺了。地球在咳嗽，唯一的方法是还它一片片森林，还它本来面目！

小小瞭望台

地球早期，大气氧气含量极少。包括人类在内的动物得以繁盛和发展，是因为大气中的氧气含量提高。而其中的原因，便是出现可以进行光合作用的植物。

◆ 被砍伐的亚马孙雨林

正消失的地球之"肾"

关键词★湿地·动植物·农田·淡水湖·避风港

成片的芦苇和草甸，倒映在蓝色天空下蓝色的水中。绿色的水底，成群的鱼儿悠闲地游着。这就是湿地的景象，它就像大地上的翡翠。那里是红树林的家园，那里是麋鹿的家园，那里是丹顶鹤的家园……那里，就是地球的肾！

湿地的破坏 >>

湿地是指天然或人工形成的沼泽地等有静止或流动水体的成片浅水区，还包括在低潮时水深不超过 6 米的水域。这样，浅海水域、湖泊、河流、水田、沼泽等都属于湿地。湿地与森林、海洋并称全球三大生态系统。广大的湿地里生活着各种各样的动植物，那里风景秀美，宛如世外桃源。湿地不仅是动植物家园，对于环境还是一个净化器。湿地涵养水源、净化环境的功能，让它得到了"地球之肾"的名称。

但是，由于人类的破坏，湿地已经显现出相当程度的萎缩。许多湿地被改成了农田，比如许多淡水湖的围湖造田。还有对湿地动植物资源的过度利用，对水资源的过度利用，让湿地面积越来越小。虽然许多湿地被列为自然保护区，但湿地消失的速度还是非常快的。据研究，30 年来我国的

小小爆料台

泥炭地的含水量可以达到 70%~90%，是个十足的水库。煤就是由泥炭转化而来的。泥炭不仅是肥沃的养料，还可以治病呢。

◆ 湿地风光

湿地减少了 10 万平方公里！湿地的减少主要是人为原因，人口增长和经济发展让人同湿地相争。短期内似乎得到了一定的经济利益，但长远来看这无异于涸泽而渔。

巨大的碳库 >>

湿地国际组织的研究表明，湿地吸收碳的能力要远远超过森林的能力。湿地是全球最大的碳库，碳总量约 770 亿吨，甚至超过了热带雨林 (428 亿吨)。湿地具有强大的固碳能力，它在全球碳循环中发挥着重要作用。

湿地起着碳库的作用，尤其是泥炭地。森林里的树死后或枝叶脱落后，有机物和分解物积累形成了泥炭。枯叶和树枝在沉积的情况下，不会完全分解。植物不会分解大量二氧化碳释放到大气中，碳被"锁"在泥炭土中。当湿地的条件稳定时，沼泽中的泥炭积累大量的碳，少量地释放温室气体。而当湿地遭到破坏，它便失去了碳积累的能力。这样，湿地就会从吸收碳的"江河"变成释放碳的"洪水"！

◆ 西伯利亚冻土地带

另外，在高纬度地区，由于亚寒带针叶林千万年的积累，形成厚厚的冻土。这些冻土中封存了巨量的碳元素和温室气体，冻土的融化也会加剧温室气体的释放。而其中甲烷气体的含量非常大，尤其在西伯利亚冻土地带，这种气体的温室效应能力比二氧化碳高 20 多倍！

湿地除了对碳循环的巨大作用，还有调节水循环和大气的作用。湿地使大自然的力量得以柔化，是生物基因的避风港。面对全球变暖的气候变化，如果没有湿地的调节作用，或许风暴会更加强烈、洪水会更加凶猛。

这个杀手不太冷（物种灭绝）

关键词★全新世·物种灭绝·全球变暖·动植物·活化石

进入全新世，地球开始了第六次物种灭绝，这次灭绝没有那么突然。而到了人类世，灭绝的速度加快了上千倍。在当前的全球变暖的背景下，动植物将大量灭绝。如果不加以控制，这一次的变暖可能导致地球上一半的物种灭亡。

小小爆料台

"活化石"主要指现在存在的古老的动植物，它们的同时代的其他生物都已经不存在了。我国的大熊猫、扬子鳄等珍稀动物，都被称为"活化石"。

◆金蟾只会在每年4月至6月的雨季进行繁殖，而随着气候变暖，连续几年雨季没有下暴雨。金蟾失去了暴雨后形成的水塘也失去了繁殖的条件，最后的卵也因为干旱而死亡。

金蟾后面还有谁>>

金蟾栖息于哥斯达黎加的原始森林，1964年才被人类发现。它通身金黄色，象征富贵与好运。但由于气候的变化，金蟾到了1987年就灭绝了。这种蟾蜍只会在每年4月至6月的雨季进行繁殖。但是气温上升，连续几年雨季没有下暴雨。金蟾失去了暴雨后形成的水塘，它们失去了繁殖的条件。最后一群金蟾在产出最后的卵后，再也没有人见过它们。而最后的卵，也因为干旱而死亡了。

此外，热带雨林中还有许多灭绝或濒临灭绝的动物，许多动物人类还没有见过。像金蟾这样因为气候变化导致繁殖地消失的情况还有很多。许多动物强烈依赖于某种特定环境，环境的变化就意味着它们失去生存的家园。

有些动物对温度变化非常敏感，温度变化不到1摄氏度，就会大量死亡。由于生态系统的环环相扣，一种物种的大量消失也会影响到相关物种的生存。自然界中，一种生物往往以另一种生物作为营养来源。不管是什么样的依赖关系，其中一个物种发生问题了，势必要产生连带效应。

金蟾是第一个被确认因气候变暖而灭绝的物种，但绝对不是最后一个。现在，每天甚至每小时都有新的物种灭绝。其中主要是人类造成的环境改变和气候变化，而气候变化本身也是人类造成的。

多米诺骨牌 >>>

在北京麋鹿苑内，有一座"世界灭绝动物墓地"。那里排列着近三百年来已经灭绝的各种鸟类和兽类的名单。一个个倒下的墓碑，真像是死亡的多米诺骨牌！沿着历史的方向，一个又一个物种倒下了。在倒下墓碑的尽头，有一只大手，挡住了倒塌的继续。手的后面，是没有倒塌的物种的名字。是的，这些动物还没有灭绝。但实际上，随着全球气候的变暖，人类对环境的影响将会使更多的物种灭绝。

气候变暖会缩小许多动物的生存空间，正如金蟾的遭遇。频繁发生的灾害，也会让本就脆弱的物种雪上加霜。鸭嘴兽栖息在河流和小溪的岸边，它的大多数时间都在水里，以软体虫及小鱼虾为食。然而，由气候变暖所引起的季节性干旱和洪水，对鸭嘴兽的生活环境造成严重的威胁。另一种地球生物的"活化石"鳄鱼，则是温度升高会导致出生性别比例失调。海水温度、盐度、酸度的变化，也是气候变化导致的一件大事。海水环境的改变，会让有些动物死亡，比如有些水母，也会造成动物的食物短缺或繁殖困难。

据研究，全球变暖将导致四分之一的陆地动植物在未来50年内灭绝。也就是说，几十万个物种将在半个世纪后从地球上消失。物种灭绝就像一块块倒下的多米诺骨牌，如果不采取有效措施，骨牌倒到我们身边只是时间问题。

◆ 气温变暖，鳄鱼种群可能就会变成"女儿国"，进而导致鳄鱼绝种

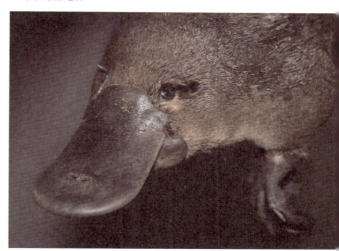

◆ 气候变暖所引起的季节性干旱和洪水等灾害，对鸭嘴兽的生活环境造成了严重的威胁

◆ 随着气候变暖，海平面上升，海水倒灌到江河中，变咸的江河水令鹊雁逐渐丧失栖息地

融化的或是泪水（冰川消融）

关键词★冰川·融化·淡水·大气环流·气温

气候变暖，南北极的冰川在悄悄融化，青藏高原的冰川在悄悄融化，高山上的冰川在悄悄融化，冰川到处都在悄悄融化。一觉醒来，我们发现已被水包围了。

后果很严重 ≫

地球上拥有丰富的水，但只有不到3%是淡水。淡水中大部分又在冰川和地下，人类可利用的水量是很少的。冰川的水约占全部淡水的70%，它的融化意味着许多变化。

最直观的变化就是海平面上升，如果南北极的冰全部融化，海平面会上升接近70米。海平面大幅上升不仅会淹没全球大部分城市，还会抹掉人类最肥沃、最富饶的土地。气候消融了冰川，却会让人类文明进入"大冰期"。

另外，两极的冰川在一定程度上维持了全球的洋流和大气环流系统的动力，两极冰川融化可能会导致全球洋流和大气环流的变化。这样的变化对人类来讲无疑是个灾难。人类将面对一个复杂多变的气候系统，而如果冰川过快地消失，或许我们还来不及适应一切。

世界上许多大江大河都发源于冰川，数以十亿计的人口饮用冰川融水，依靠冰川水灌溉、发电。冰川消融会给这些人口带来淡水危机，季节性冰川融水制造的绿洲也会

小小爆料台

冰川或称冰河是指大量冰块堆积形成如同河川般的地理景观。在终年冰封的高山或者两极地区，多年的积雪经重力或冰河之间的压力，沿斜坡向下滑形成冰川。

◆从NASA拍摄的卫星图片对比中可以看出暴露的其他陆架在冰期时极大地影响了大气环流

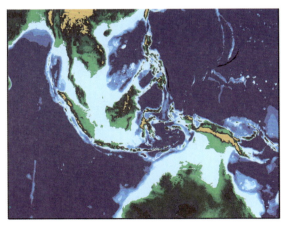
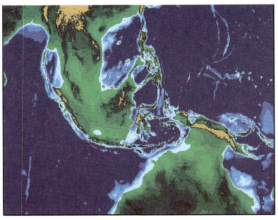

变得荒芜起来。另外，沉睡在冰川之中的古老微生物可能被释放出来。人类面对从来没遇到过的病毒时会毫无抵抗能力，那时恐怖的瘟疫恐怕会再次席卷世界。在某些地区，冰川快速融化产生的融水可能引发水灾。

◆ 全球气候变暖导致冰川消退甚至消失

冰川守护人类 >>

由于全球变暖导致海水的热膨胀和冰川融化，在近一个世纪内海平面平均上升了10~25厘米。科学家预计，到2050年，全球1/4以上冰川将消失。急需世人采取措施遏制全球变暖的趋势来保护冰川。全球气候的小幅度波动虽然并不为人明显发觉，但对于冰川来说则有显著的影响。气温的轻微上升都会使高山冰川的雪线上移，海洋冰川范围缩小。

北极海冰消融速度加快的原因何在呢？冰是白色的，因此，照到冰上的大部分阳光被反射回去。而现在冰逐渐消融，露出海水，而海水的颜色比冰暗许多，可以吸收更多的阳光，从而导致海水的温度变得更高。这又导致更多的冰融化，使得冬天更不易再度结冰，这一过程逐渐加快，一直到冰完全融化。

冰川消退是指由于全球气候逐渐变暖等因素，冰川的面积和体积都出现明显的减少，有些甚至消失的现象。这种现象在低、中纬度的地方尤其显著。

那些冰川，消失了就不再回来。冰川是冰河时代留给我们的礼物。融化的冰川中有一些清澈的水，或许会成为未来许多人的泪水。所幸我们还有机会，保护住地球上最清澈的天地。透明的冰里照映着人类的良知和团结，藏着一个文明的成长。

◆ 消退的冰川

上升之海，下沉之城

关键词★海水·热膨胀·全球变暖·城市淹没·不容置疑

由于冰山融化和海水热膨胀等诸多因素，全球的海平面正在上升。与此同时，许多临海城市海拔正在下降。几乎每个人都知道，未来的气候变暖意味着什么。而只有人口拥挤、经济发达的城市自己，看起来毫不知情。

 **小小爆料台**

为了应对全球变暖的问题，国际展开了合作。1988 年，联合国环境署成立了政府间气候变化专门委员会（英文简称 IPCC）。1992 年，巴西里约热内卢联合国环境与发展大会，参会国共同签署《联合国气候变化框架公约》。1997 年在日本京都通过了具有法律意义的《京都议定书》……

◆海平面上升 100 米后的世界地图，绿色是海平面上升 60 米后将消失的地方

 **图瓦卢的哭泣** >>

2009 年哥本哈根会议上，来自图瓦卢的代表动情地说："今天早上，我哭着醒来，想到我的国家可能会因为一次失败的大会而彻底消失，我抑制不了自己的眼泪。对我这样一个大男人来说，在这样的场合承认自己为此而哭泣是很艰难的一件事情……"

可是，全球变暖导致的海平面上升，已经导致了某些岛国面临着消失的命运。图瓦卢就是其中一个，它将是沉入海底的第一个国家。图瓦卢人即将失去他们的家园，昔日的海上明珠很快将不复存在，不哭才怪呢！而面临着同样困境的不止图瓦卢，还有马绍尔、瑙鲁、马尔代夫等岛国，在海平面上升后失去的将是整个国家。马绍尔总统在第 44

届太平洋岛国领导人会议上悲愤地说：
"这是我的祖国，我将永远居住在这里。
如果海水来了，那就让它来吧！"

即将失去的土地》》

　　海平面上升的影响是很严重的。现
在有许多科学家对全球变暖引起的海平
面上升高度进行着预测。即使是最低上
升水位，世界上大约10%的人口即7亿
人处于被淹没的危险地带。也许对于远
离大海的内陆人来说，要理解海平面上
升几十厘米带来的灾难还不容易。但整
体来讲，世界主要的人口和经济都集中
在沿海地带。气候变暖引起的灾害和海
平面上升，直接威胁这些地区的城市和
农田。此外，大多数国家会在河流中上
游修建水坝，这样就导致三角洲地区的
泥沙越来越少。人类对地下水的利用和
大量的城市建设也会使滨海城市下陷。
海水上升5米，上海就会消失。不只是
上海，许多知名的城市也会被淹没。

　　根据现在的分析和预测，这样的大
规模淹没虽然不是迫在眉睫，也为时不
远了。近百年来，海平面上升是不容置
疑的事实。自上世纪末以来，海平面上
升约10厘米或稍多。据预测，到下个
世纪末，海平面将比现在上升50厘米
甚至更多。

◆ 受海平面升高影响而即将消失的几个地
方（图从上到下）：威尼斯、爱琴海、马
尔代夫

一半火焰，一半洪水（高温与水患）

关键词★洪水·热浪·叫苦不迭·气候变暖·水深火热

近几年夏天来临的时候，我们总是看到电视和报纸报道热浪天气。同时，在另一些地方，却连续不断地降雨，最后水多成患。一半是热浪，一半是洪水，气候真不省心！

小小爆料台

气象部门针对高温天气的防御，特别制定了高温预警信号。高温预警信号分三级，分别以黄色、橙色、红色表示。高温黄色预警信号的含义是天气闷热，一般指连续3天，日最高气温将在35℃以上；高温橙色预警信号的含义是天气炎热，一般指24小时内最高气温将要升至37℃以上；高温红色预警信号的含义是天气酷热，一般指24小时内最高气温将升至40℃以上。

热浪来袭 >>

太阳无情地炙烤着大地，马路上像下了火，人们热得无处可逃。天气炎热的时候，更多的人愿意相信——气候真的变暖了！

2000年后，各地的高温纪录不断被打破。2003年8月11日，瑞士格罗诺镇录得摄氏41.5℃，破139年来的纪录。在2003年夏天，台北、上海、杭州、武汉、福州都破了当地高温纪录。2006年8月16日，中国重庆最高气温高达43℃。人们叫苦不迭，许多人因经受不住袭来的高温而死亡。

高温热浪使人体不能适应环境，导致疾病的发生或加重。高温热浪往往使人心情烦躁，增加事故伤亡以及中毒、

◆ 热浪来袭，叫苦不迭的人们在街上接受喷泉"洗礼"

◆ 台风登陆

◆ 暴雨来袭

火灾等事件的发生几率。高温可以加剧土壤水分蒸发和作物蒸腾作用，加剧有些地方干旱的发展。另外，高温还影响生产生活，使用电用水激增，增加社会负担，持续的高温往往还伴随干旱等灾害。

"人或为鱼鳖"

随着气候变暖的加剧，海洋温度总体上升。海洋温度的上升产生许多效应，其中一个就是台风和暴雨天气比以往更凶猛了。近几年，网络上不断地发出许多城市在持续降雨后汪洋泽国的景象。城市积水不能及时排泄，导致部分地区陷入瘫痪。2012 年夏天，北京的暴雨就导致了 79 人死亡的惨剧。和热浪一样，过量的降水也会给生产生活带来不便，造成人员伤亡。异常降水的频繁发生，不能不说和气候的变化有一定的关系。

与变暖有关

高温天气和强降雨让人们开始感到气候的强烈变化，于是有人开始觉得都是全球变暖造成的。其实，全球变暖还没有那么快速和剧烈，它只是增加了发生此类天气的概率。气候的变化会导致大气圈和水圈的变化，使得异常情况更容易发生。

气候变暖有很大的地区和时间上的差异。气候系统非常复杂，其中一个小的变化就可能导致结果发生很大的变化。全球平均气温的升高可能只有零点几度，但不同地区不同时间可能就会产生很大的变化。不管怎么说，这些年来频发的高温和暴雨等气候和气候变暖是分不开的。气候变暖对于全球气候系统的影响，让气象灾害变多了。一半是洪水、一半是火焰，这就叫"水深火热"。

"后天"真的会到来吗（极端气候）

关键词★极端天气·全球变暖·冰雪融化·寒流·高温

气候变化对我们来说是缓慢的，现在我们仍然生活在适宜的环境中。假设有一天，我们突然遇到了急剧降温，地球重新又进入冰川期，那会是怎样的情景？美国大片《后天》，为我们很好地展现了这样的情景。《后天》里为我们展现了许多恶劣天气：狂风暴雨、龙卷风、海啸、寒潮等。虽然电影中有许多夸张，但是不是杜撰？

小小爆料台

气候学上有一个著名的"蝴蝶效应"：由美国气象学家爱德华·诺顿·罗伦兹首先提出，他指出："一只蝴蝶在巴西轻拍翅膀，可以导致一个月后得克萨斯州的一场龙卷风。"通过这个例子，生动地阐释了在一个动力系统中，初始条件下微小的变化能引起整个系统长期而巨大的连锁反应。

◆近年来，欧洲已经不止一次遭遇严寒暴雪，科学家把寒冷的原因归结到北极海冰面积减小。北极海冰面积越小，越有利于极地冷气团中心向南偏移，南下冷空气活动就越频繁，容易导致欧亚地区出现强降雪天气。

■ 气候轻度狂躁 >>

近些年的气候灾害似乎变多了，"百年一遇"、"千年一遇"这样的语汇都不新鲜了。西北的沙尘、南方的台风，都比过去凶猛了。2008年，中国发生了百年一遇的雪灾，国家遭受了巨大的损失。放眼世界，人们更是发现气候有点不"淡定"。

2013年，炎热席卷了许多地区和城市。我们习惯了天气预报上的高温警报，习惯了炎热的夏天。夏天大家都喊热，有人甚至在户外的石头上煮熟了鸡蛋！高温天气在世界范围内频发，已经造成许多人死亡。暴雨和洪水频发，在城市，大量的降水让城市成了海洋。北京、武汉等城市大片地区因大雨成为泽国，甚至造成大量市民溺死的惨剧。美国的龙卷风比过去大大增加，欧洲大量的老年人因热浪而死亡。莫桑比克遭遇百年一遇大洪水，印度则受到热浪和寒流的双重打击。这一系列的事件表明，极端气候的发生不是个例。

◆ 莫桑比克百年一遇的大洪水

◆ 土地沙漠化

一分耕耘半分收获

全球气候的异常变化还将导致农作物减产，加剧粮食供应的紧张。有科学家研究，年平均气温每提高 1℃，北半球适合生长农作物的地区可向北推进 200 千米。寒冷地区的农作物生长期延长，产量相应增加。但是，气温的升高也会使中纬度地区极端天气增加，引起更多的干旱和洪涝。这些都会造成中、低纬度地区粮食产量下降。世界上主要产粮地区分布在中、低纬度地区，那里也分布着最多的人口。而全球变暖给高纬度地区增加的粮食，远远不能补偿其他地区粮食的减产。此外，温度上升也会加剧农作物的病虫害。过去，寒冷会在一定程度上控制病虫害，温暖的气候更利于害虫的生长。更广泛的农耕区也让病虫害在更大范围扩散。此外，随着人类活动的不断扩张，生态环境受到日益严重的破坏，草原和森林被破坏，被称为"地球之癌"的荒漠化日趋严重，它就像癌细胞一样会扩散，蚕食我们的耕地，挤压着人类的生存空间。因此，极端气候对农作物杀伤力是极大的，而未来发生粮食危机的概率与日俱增，我们不能掉以轻心。

隐藏的杀手

如果说农业减产和荒漠化这些是显而易见的威胁，而那些微小的潜在的病菌、病毒则是隐藏的杀手。科学家研究发现，全球气候变暖已成为疾病传播的头号"帮凶"。在全球气候变暖的背景下，从人到植物、飞禽走兽及海洋生物等，都可

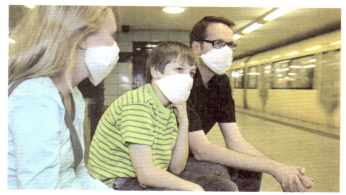

◆ 感冒患者

能遭到流行病"病菌"的袭击，比如流感、禽流感、麻疹、水痘、疟疾、乙脑、霍乱等。所谓"明枪易躲暗箭难防"，有时就是这些看不见的病菌给人类社会造成了极大的危害。因此，极端气候将使人类社会面临前所未有的挑战。

全民公敌（雾霾）

关键词★十面霾伏·知己知彼·冰晶·大气混浊·全球变暖

2013年秋，我国华东地区爆发了大面积的雾霾天气。一时间，到处是"十面霾伏"的景象，人们谈霾色变。许多学校停课、公共活动被取消，人们纷纷戴起了口罩。雾霾来了，迎战的同时也要"知己知彼"。

雾霾天气发生以后，人们都开始谈论"PM2.5"。那么，"PM2.5"是什么意思呢？PM就是颗粒物（particulate matter）的英文缩写，指直径小于或等于2.5微米的颗粒物，这些颗粒物又被称为细颗粒物（可入肺颗粒物）。而人体呼吸系统无法过滤和排出。它能较长时间悬浮于空气中，空气中含量越高，就代表空气污染越严重。对人体健康和大气环境质量的影响更大。

◆ 北京的雾霾

雾是雾，霾是霾

我们常常把雾霾放在一起说，其实雾和霾还是有很大区别的。雾是指在接近地球表面的水汽凝结物，它主要由大气中悬浮的小水滴（或冰晶）组成。当气温达到露点温度时，空气里的水蒸气凝结生成雾。霾也称灰霾，是指因大量烟、尘等微粒悬浮而形成的混浊现象。霾的核心物质是空气中悬浮的灰尘颗粒，空气中的硫酸、硝酸、有机碳氢化合物等粒子也能产生霾。一般相对湿度小于80%的大气混浊导致的能见度下降是霾造成的，相对湿度大于90%时是雾造成的。相对湿度介于80%~90%之间时的大气混浊是霾和雾的混合物共同造成的，但主要成分是霾。总之，雾霾来的时候，我们总是"云里雾里"，眼前一片模糊。

雾霾是一种自然现象，但随着人为污染的加重，成为严重的环境问题。雾霾危害的实质，就是大气当中有害的

北京饭店

颗粒物浓度升高了。这种天气可以直接导致上呼吸道感染、支气管哮喘、结膜炎等疾病，还会提高致癌率并影响生殖能力。严重的雾霾可以直接导致疾病和死亡，历史上许多国家的城市都发生过。如1952年英国伦敦雾霾事件：当时伦敦城市上空处于高压中心，一连几日无风。大雾笼罩着伦敦城，恰好城市冬季大量燃煤，排放的煤烟粉尘蓄积不散。烟和湿气积聚在大气中，城市连续四五天能见度极低。许多人都感到呼吸困难，眼睛刺痛，流泪不止。仅仅四天时间，死亡人数就达4000多人，两个月后又有8000多人陆续丧生。就连当时举办的一场牛展览中的牛也遭劫难，1头牛当场死亡，52头严重中毒。

雾霾何处来 >>

雾霾来的时候，我们已经被"包围"了。但雾霾又是怎么来的呢？其实，我们只要看看雾霾形成的条件就知道了。首先，雾霾需要近地面的空气中的水汽充足，遇冷时能达到饱和状态。秋冬季节寒风从北方南下经常会起雾，所以雾霾也在秋冬多发。其次是风力要小，大气层结构要稳定。由于暖冬造成强冷空气非常弱，就会导致这种大气层结构的稳定。近地面大气非常稳定，风速小，就会阻碍空气的水平流通。空气湿度大，逆温层厚，会阻碍空气垂直方向的对流输送。污染物扩散不出去，就会导致局部和区域污染物的迅速积累，造成空气污染严重。

雾霾天气形成既受气象条件的影响，也与大气污染物排放增加有关。在一些地区，尤其是大城市，工业生产、机动车尾气、建筑施工、冬季取暖烧煤等排放的有害物质会

形成大量有害颗粒。从气候角度来看，越来越频繁的雾霾天气可能还使全球变暖。人们大量排放的温室气体导致全球变暖，这种气候变化又使空气对流不充分。一旦形成大雾天气，地面排放的大量污染物无法扩散，便会造成严重的污染。

雾霾给人们的健康带来了损害，也引起了人们的关注和警醒。减少污染、保护环境已经是势在必行，我们必须重新考虑气候变化的重要性了。

◆ 汽车尾气排出的有毒物质和冬季取暖烧煤都是造成雾霾的原因

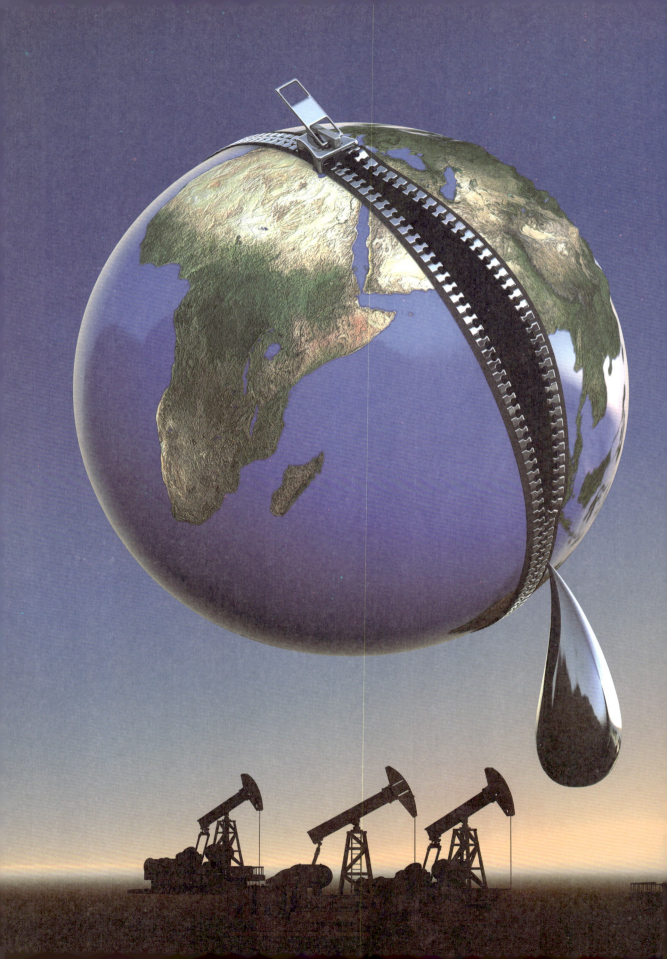

第三章 生物应对——自然方案

　　千百万年来，在地球上生存的数目众多、种类多样的生物群体自始至终都要应对不断变化的气候。可工业革命后，地球升温明显，动植物要么去适应新的环境，要么无奈地接受环境的改造。因此，我们看到许多物种正在或主动或被动地悄然发生着改变……而我们人类能做些什么呢？不是反思而是改变。因为气候变化要求我们必须控制二氧化碳的排放量，保护环境恢复生态已到了迫在眉睫的关头，环境倒逼着我们必须倡导低碳环保的生活方式。低碳环保就是在我们生活中做到节水节电，做到物尽其用，不要浪费；低碳环保就是选择低碳的出行、娱乐方式；低碳环保就是选用节能灯、节能电器；低碳环保就是拒绝过分包装、攀比浪费；低碳环保就是尽量不用一次性筷子、重复利用纸张、随手关电……

北极熊的哀号

关键词★北极熊·狩猎·寒冬·互相残杀·濒临灭绝

最近几年的夏天，北极边缘的冰融化得更快更多了。对于北极的主人——北极熊来说，这意味着捕猎越来越困难了。饥饿的阴影却时时笼罩着它们，等待它们的是漫长的寒冬……

冰之融，熊之痛 >>

◆ 浮冰上的北极熊母子

北极熊近些年很痛苦，它们的食物越来越少。这一切，都缘于气候变暖带来的海冰融化。北极熊分布于北半球大陆北部，栖居于北极附近海岸或岛屿。它们以海豹、鱼及鸟、海象、腐肉等为食，偶尔也吃一点素食。

每年冬季来临前，它们都要积累大量脂肪。由于它们特殊的捕猎方式，它们几乎要依赖于岸边的浮冰。海豹只有到了浮冰上或者在浮冰的边缘休息，北极熊才能抓到。现在浮冰消融加快，北极熊的生存空间就更小了。

此外，它们依靠冰面猎捕海豹，常常要随着浮冰在海面浮动。快速融化的海冰极有可能使北极熊无法游回岸上而淹死，因为北极熊虽然可以游很远，但也有一定的限度。近年来，发现了许多被淹死的北极熊，这与海冰融化太快有直接关系。

◆ 浮冰上的北极熊

◆ 北冰洋饿死的北极熊惨状令人不忍直视

生存困境 >>

母北极熊带着它的小北极熊，在空旷的冰面上行走。艰难地寻找着食物，每次找到很少的食物，母北极熊都会让给小熊，自己却饿着肚子，变得越来越瘦。

除了很难捕到猎物，小北极熊的成长还有其他问题。由于人类的污染，北极熊的繁殖能力已经有所减退。出生后的小熊需要一个"冰屋子"来御寒，而现在气候变暖冰雪融化，它们将失去庇身之所。母熊渐渐担忧起来，为小熊的生长用尽了办法。为了获得食物和保护小熊，它们不惜奋力战斗。

北极熊缺乏食物，正在变得越来越瘦。曾有人发现了一只被饿死的北极熊。发现它的时候，它已经饿得只剩下皮包骨头了。它已经萎缩成了一张皮了，早已耗尽了所有的脂肪。为了觅食，它离开家已经很远很远了，食物匮乏的北极熊时常发生同类相食的情况，甚至发生雄性北极熊杀死亲生幼崽的惨剧。北极熊已经是濒危物种了，这样下去情况不妙。

看起来笨拙的北极熊，奔跑的时速可达40公里！但是，它们能跑过日渐消融的北极冰岸吗？北极熊的生存已经面临巨大的威胁，而它们自己似乎无法适应这一突如其来的气候变化。空旷的北极冰川上，北极熊久久地注视着南方，似乎在问：人类，你们怎么看？

🔍 小小爆料台

北极熊的动物学分类属哺乳纲，熊科。它的祖先是爱尔兰棕熊，在大约两万年前的晚更新世与棕熊分化。北极熊一般在冰川边缘附近捕猎。它们会事先在冰面上找到海豹的呼吸孔，然后极富耐力地在旁边等候。等到海豹一露头就突然袭击。如果海豹在岸上，它们会小心地爬过来发起猛攻。

◆ 自相残杀的北极熊。生活在加拿大与美国阿拉斯加州边界波弗特海的北极熊因为无法获取食物，开始杀死同类并将其吃掉。

垂死的珊瑚公主

关键词★珊瑚·热带雨林·全球变暖·白化·灭顶之灾

当你把目光投向广袤的大海，你一定能够看到珊瑚的辉煌。它们用自己小小的身躯，造出了一片又一片海洋中的"热带雨林"。在茫茫大海中，不时有明珠般的珊瑚礁浮出水面。珊瑚的繁盛意味着海洋生物的繁盛，珊瑚是生命改造自然的生动例子。它犹如海洋的公主，有着一袭五彩的衣裳。而如今，珊瑚却面临着灭顶之灾……

◆ 寄居在藻类上的珊瑚

◆ 美丽的珊瑚礁

珊瑚虫和珊瑚礁

珊瑚是一种虫子还是一种石头呢？也许我们会对这个问题感到迷惑。其实，珊瑚可以说是虫子制造出的石头。海洋里有很多种珊瑚，有的像牛角，有的像树枝……珊瑚还能形成巨大的小岛。而这些全都是一种非常小的动物——珊瑚虫制造的。

珊瑚虫是一种腔肠动物，一般只有几毫米大小。它捕食海洋里细小的浮游生物，在生长过程中能吸收海水中的钙和二氧化碳，然后分泌出石灰质。每一个单体的珊瑚虫很小，但它们一群一群地聚居在一起。经过一代代地不断分泌石灰石质，并黏合在一起，便形成了珊瑚石和珊瑚礁。珊瑚不仅形状像树枝，看起来颜色还很鲜艳美丽。有的珊瑚是名贵的宝石，有的有很高的药用价值。

珊瑚的厄运

近年来，世界各地都有大量的珊瑚消失了彩妆，变成了煞白的样子。许多昔日欣欣向荣的繁茂天堂，变得像荒漠一样凄凉。一株株一片片珊瑚"树"，落尽了"叶子"。珊瑚白化的原因恰恰是海洋温度的上升。气候的变暖让珊瑚的生存状态发生很大变化，许多地区的珊瑚正在死亡。

海洋温度超过某个点时，珊瑚就会发生白化。所谓白化，就是颜色丰富的藻类离开珊瑚虫体内，使珊瑚表面一片惨白。如果变热是暂时的，珊瑚可能会复苏。但如果持续，珊瑚就死了。

珊瑚虫其实是苍白色的，它们之所以看起来色彩斑斓，是因为它们的体内寄宿着一种叫作虫黄藻的藻类。而虫黄藻呈现出绿色、红色或者发紫的色彩，所以正常情况下珊瑚就是彩色的。珊瑚虫和藻类是合作关系，珊瑚虫可以为藻类提供驻地和一些营养。而海藻通过光合作用给珊瑚虫提供食物。海水温度升高后，它们的合作关系遭到了破坏。虽然它们的分离原因还不清楚，但如果海藻离开珊瑚太久，珊瑚虫就会饿死。它们分离一两个月后，便只剩下珊瑚的白骨了。

气候变化导致的气温和洋流异常变暖，让珊瑚生存艰难。另外，随着未来二氧化碳积聚并融入海洋，海水会产生更多的碳酸。变酸的海水可以阻碍珊瑚体分泌出石灰质，从而加剧珊瑚的消失。

美丽的珊瑚正在消失，可能不到一个世纪，地球将失去这位"美人"。珊瑚礁将成为地球上第一个被人类完全毁掉的生态系统。我们喜欢美丽的珊瑚，同时，我们也毁了珊瑚。

◆ 白化的珊瑚

◆ 珊瑚大片白化

小小探针台

有证据证明气候变化对自然生态系统产生影响，而这与土地、水和生物生活的变化息息相关。科学家通过观察白化和死亡的珊瑚礁，发现这是海水变暖造成的。珊瑚白化仅仅是全球变暖对生态系统产生的有形影响之一。

彩色龟的"女儿国"

关键词★全球变暖·繁殖·全球变暖·男女失调·濒临灭绝

在《西游记》里，有一个女儿国，那里所有的人都是女人。她们不用和男人结婚，只需要喝"子母河"的水就能生育。那里的女人生出的也都是女人，她们甚至没有见过男人。这样的情况在人类中不可能出现，但在动物王国里却并不新鲜。如今，科学家发现，全球气候变暖会直接导致某些物种性别失调甚至全部变为雌性或雄性。

彩色龟的变化 >>

在北美洲的淡水中生活着一种彩色龟，身上背着一个彩色条纹的壳。近年来，这种乌龟"男女比例"失调了。孵出的幼龟中，越来越多的是雌性。它们"生男生女"，居然是由环境的温度决定的。较冷的天气容易生出雄性幼龟，温暖则产生更多的雌性幼龟。气候变暖让彩色龟有更多雌性产生，它们的性别要失去平衡了。但是，彩色龟对温度的提高，并不是束手无策。聪明的母龟能够将产卵时间改变10天，通过提前产卵来平衡性别。

◆ "女儿国"的彩色龟

龟是地球上古老的生物，经过亿万年气候变化依然延续繁衍。面对变暖，它们会用生物自身最强大的武器——进化来应对。比如，彩色龟可能进化出对热量不太敏感的卵，或者形成在背阴处产卵的习性。但气候变化似乎有点突然，它们提前产卵的方式恐怕抵挡不了改变。仅仅1.1摄氏度的升温，就会导致彩色龟全部孵化成雌性。照这样下去不久，彩色龟的世界真的就成了"女儿国"了,它们可没有什么"子母河"的水可以喝。彩色龟不是特例,许多爬行物种也有着共同特点。

温度决定性别 >>

另一种爬行动物斑点楔齿蜥却和彩色龟相反,变暖会产生"男儿国"。科学家通过模拟显示,到 2080 年时的环境温度会抑制雌性的孵化。人类不对这种本来就濒危的物种进行保护,它们的命运就只能和它们的亲戚恐龙一样了。许多爬行类动物的性别都是由温度决定的,这一现象被称为"温度决定性别"机制。同样受这一机制影响的还有某些鱼类。美国《公共科学图书馆》杂志报告说,气候变化可能会增加某些鱼类的雄性比例。如果全球变暖导致海水温度升高 1.5℃至 4℃就可能较为明显地改变部分鱼类的性别比例。对于某些区域的特殊鱼类物种,这样的改变就意味着灭绝。

温度的变化,使得许多动物产生了不适应,有的生存困难,有的濒临灭绝。它们都在和全球温度表上的刻度赛跑,赶上变化的将生存下去,掉队的就要面临灭绝。这就是大自然的进化法则,我们并不知道现存的动物哪些会掉队。但是这一次,有一种动物必须要拉它们一把,因为这种动物对这次全球变暖负有不可推卸的责任。否则,若干年后,这种动物也会掉队。

◆ 美丽的彩色龟

小小曝光台

有科学家分析,恐龙的灭亡也许和气候变化导致性别失衡有关。温度的变化,让恐龙蛋孵化出单一的性别,不利于繁殖,最后整个恐龙家族越来越弱,一个外界的打击可能就足以导致它们灭亡。

◆ "男儿国"的斑点楔齿蜥

生物大"跑路"

关键词★全球变暖·高温·迁徙·二氧化碳·濒临灭绝

地球变得越来越热了，动物们商量着对策。于是，大家都"跑路"了，去寻找更适合生活的地方。连植物都迁移了，看来这回真是哪儿凉快哪儿待着了！

小小爆料台

全球变暖导致马达加斯加岛 2 种蟾蜍和 1 种壁虎灭绝。科学家表示，上山运动是动物预知气温升高的一种反应。

◆ 北迁的红狐目前已经侵入了北冰洋狐群的地界。图中的红狐嘴里叼着北极狐的幼崽准备美餐一顿。

"两极避暑山庄"

全球变暖，动植物纷纷觉得很热，它们想尽办法应对。许多海洋生物和鸟类，往两极方向迁移。

在 30 多年的时间里，海洋中的鱼类和哺乳动物一直从不断变暖的赤道水域。游向两极水域。上千种鱼类和无脊椎动物，因栖息地海水不断变暖，逃到了其他海域。气候变化也让鸟类逐渐改变了迁徙的习性。原本因为寒冷而向赤道方向飞去，如今看来已没有必要。

虽然陆地动物也向两极方向迁移，但海洋里的动物比陆地动物更加敏感。它们比陆地物种移动的距离长几倍。浮游植物、浮游动物呈现出最大的变化，以它们为食的小鱼小虾也就跟着迁移。最后，大鱼大蟹也动身了。它们大体上向着更凉爽的两极移动，那里俨然是一个"避暑山庄"。

除了向高纬度搬迁，许多动物还逐渐迁移到高海拔。现在，不仅是"人往高处走"了，动物也要往高处走了。比如从20世纪开始，人们发现，不得不攀登到更高的地方才能找到那些可爱的花栗鼠和松鼠。因为海拔上升，温度就下降。低海拔地区的温度升高之后，动物向高海拔缓慢的迁移，也算是一种"惹不起躲得起"的反应。这种集体"避暑"的行为已经蔚然成风，如果再说变暖只是偶然现象，或者说觉得变暖还有很久、完全不必担忧的话，那么大自然的节奏将是最好的说明。

植物搬家又"瘦身"

气候的变暖，不仅促使动物做出改变，植物也不例外。它们似乎也觉得热，并且以它们自己的方式应对这种变化。全球气候的变暖让植物逐渐从低纬度向高纬度地区扩展。北半球的植物逐渐向北延伸，它们当中也不乏怕热的种类。而许多生长海拔低的植物，由于怕热逐渐向高处迁移。看来植物也静悄悄地做出了改变，以应对气候的变化。

除了"爬高"和"避暑"，许多

植物还变得瘦弱了。一项研究表明，全球变暖将导致树木的枝条减少，此外树木也更容易受到病虫害的侵袭。而气候的变化，也扰乱了一些树木的生长周期，比如华盛顿的樱花提早开放。另外，土壤温度同样会对树木造成影响。温度越高，土壤越干燥，树冠越稀疏，树木死亡率就会提高。

看来，二氧化碳的增加对于植物不一定是好事。多变的气候和上升的气温，让植物也面临越来越多的挑战。对于某些需要阴凉天气条件的植物来说，环境的改变就可能意味着死亡。渐渐改变的气候，势必会让植物进化出适应环境的本领。但现在的问题是，变得太快，也许它们适应得并不好。毕竟，对于动植物来说，"搬家"和"瘦身"这种事情，不是什么好兆头。

◆ 北极植物繁茂

贝格曼定律开启

关键词★热胀冷缩·热缩冷胀·气候变暖·散热·保暖

你相信吗？如果天气越来越热，我们会变得越来越小。不管你相不相信，变小已经在动物中悄悄发生了。动物体型不是热胀冷缩，而是热缩冷胀。

既然人类是哺乳动物，我们没有理由不遵守自然的法则。所以，若干年后，为了适应温度的升高，我们自己的体型或许也会变小。

贝格曼定律

气候变化，天气越来越热。除了我们能看到的变化，还有一些悄悄发生的变化。科学家通过统计数据发现，地球上的许多动物都在变小。北极熊、松鼠、青蛙、鲤鱼、果蝇等，它们的个头都在变小。这样下去的话，未来就是小动物的世界了。在苏格兰的希尔塔岛上，当地的绵羊索艾羊的体形正在变小。在过去的20多年里，体形平均缩小了5%。这种变化由于发生得比较快，不是由进化导致的，气候变暖才是根本原因。过去，希尔塔岛上的绵羊需要在夏季积累体重，因为那里的冬天十分寒冷。但在过去20多年里，岛上的冬季异常短暂和温和。索艾羊食物变得充足，不必像以往那样积累体重。另外，过去的严冬常常会冻死刚生下的小体形绵羊，可现在它们却存活了下来。由于一出生体重就较小，它们未来也无法达到过去正常绵羊的体形。

生物学中有一条定律，叫作贝格曼定律。在气候较暖的环境中，动物体形趋向于变小。随着全球变暖的加剧，这个定律也随之"开启"。

◆ 在过去的20多年里，体型平均缩小了5%的苏格兰绵羊

这一定律通常适用于分布范围广的物种。

近期的研究表明，世界上的很多鸟类在变小。它们的体重在变轻，羽翼在变短。在秋冬季迁徙的鸟类中，超过70%的鸟类在变小。在热带地区过冬的鸟类，体重下降尤为明显。不过，不同的鸟变小的幅度不一样，体重

◆北美洲多种鸟类体形变小来适应气候变化

下降大的达到4%。现在还不知道变小对鸟类有什么长远影响。不过，既然是适应环境，从某种意义上是积极的。

怎么会变小 >>

虽然动物体形变小的原因很复杂，还需要更多的研究。但是我们可以想到一些原因，比如北极熊体形变小，就是因为食物的减少。由于食物减少，动物们不得不缩小体形以减少消耗。食物减少，身体的应对措施就是变小，这也算是大自然的智慧了。

另外，动物要散热和保暖，气温的变化也对应地要

改变这一点。气候变暖，它们的皮肤面积就偏向变小。以前的散热已经跟不上需要了，于是身体渐渐发生变化。另外，天气变热，动物的新陈代谢速度也变快了。动物生长速度加快，性成熟的时间也会提前。这些因素都与动物的体形变小有关。

大约5500万年前，也发生过这种戏剧性变化。当时的温度升高了3%到7%，降雨量大幅减少。化石证据显示，一些昆虫、松鼠和林鼠等动物体形萎缩。科学家警示我们，当前的气候变化速度可能超过以往，我们必须认真对待。

◆体型越来越小的北极熊

别了，化石能源（新能源）

关键词★能源·温室气体·环保·节能减排·新能源

现在，全球能源消耗中高达 90% 的是化石能源。如果现在没有了化石资源，绝大部分地区会没有电，车辆和飞机无法发动，工厂机器无法转动……但化石能源是不可再生能源，用一天就少一天。我们亟须像生物质能、太阳能这样清洁、环保、高效的新能源来减少温室气体的排放，现在是考虑和它说再见的时候了！

◆ 太阳能

◆ 太阳能发电场

阳光灿烂的日子 ≫

除了地球内部等少量能量外，地表所有的能量都来自太阳。化石燃料由古生物堆积而成，古生物的能量也是从太阳辐射那里获得的。地球上的化石燃料其实是地球的一小笔"存款"，真正取之不尽、用之不竭的是太阳能。

地表几乎所有能源来自太阳，但太阳给地表的只是它辐射的 20 亿分之一。而就是这 20 亿分之一的辐射，也让地球一不小心热得不得了。太阳能是现在我们能想到的最好的能源，可以说是"三好能源"：第一好，是取之不尽、用之不竭，几乎是无限的；第二好，是到处都有，不用开采运输；第三好，是直截了当、卫生环保。

未来太阳能的使用是人类能源的一大趋势，在世界范围内太阳能产业已经快速发展。我们大规模地使用这种理想能源也指"日"可待了。

上善若水 ≫

古代的思想家老子说过："天下莫柔弱于水，而攻坚强者莫之能胜……"上善若水，水滋润大地，谦和不争，却又充满着力量。从能量的角度看，水能确实是巨大的并且有着广阔的利用空间。广义的水能资源包括水热能资源、水力能资源、水电能资源、海水能资源等。地球70%以上的面积是海洋，高低不平的陆地上又流淌着无数条河流，其中蕴含的能量是相当大的。我国水电能资源居世界首位，开发的百分比却不高。三峡水电站是世界上最大的水电站，给我们输送了大量的电。水能的开发会给能源注入更多清洁血液，慷慨的水养育了我们，也将给我们更多的馈赠。

◆ 三峡水电站

除了水，风也有着巨大的开发潜力。世界上几乎所有地方都有风，可以利用风能的分布区域更是广泛。一台的风车一年产生的能量相当于燃烧几吨甚至更多的煤炭石油。

因此，风能应用应该积极去发展。

小原子大能量 >>

人们都知道核武器的厉害，一颗小小的原子弹就能毁灭一座大型城市。由此可见核能的惊人力量。"二战"以后，科学家们逐渐将核能这匹野马驯服为人类所用。核能与传统能源相比，其优越性极为明显。1千克铀$^{-235}$裂变所产生的能量大约相当于2500吨标准煤完全燃烧放出的能量。据测算，地壳里有经济开采价值的铀矿所能释放的能量与石油资源的能量大致相当，而且核能本身不排放二氧化碳（利用核能时有少量排放）。相比较而言，核能是清洁高效的能源。虽然历史上发生过切尔诺贝利核泄漏这样的事故，但总的来说人类对核能的开发技术已经相当成熟。未来世界，对核能的利用必将进入更大规模、更安全、更生态的新阶段。

小小爆料台

切尔诺贝利核电站是苏联时期在乌克兰境内修建的第一座核电站，曾被认为是世界上最安全、最可靠的核电站。但1986年，核电站的第4号核反应堆在实验中突然发生失火，引起爆炸。这次泄漏导致6万多人丧生，十几万人受到辐射伤害，大片区域受到核污染。

◆ 核电站

给气候动外科手术

关键词★全球变暖·二氧化碳·生物炭·热量反射·立竿见影

全球气候变暖，人们都惊呆了！科学家正在想办法，也许我们会觉得处理这个问题的思路非常复杂。其实不然，它的基本道理非常简单。因为全球变暖无非是二氧化碳变多了，我们想办法减少二氧化碳含量就好了。另外，就是让进入大气层的太阳光反射回太空。下面，我们看一下科学家们都想出了哪些奇葩的方法吧！

小小爆料台

生物炭，是由有机垃圾，如动物粪便，动物骨头，植物根茎、木屑和麦秸秆等加工而成的一种多孔碳。由于它的优良特性，很多科学家称之为"黑色黄金"。

◆生物炭，是由有机垃圾，如动物粪便、动物骨头、植物根茎、木屑和麦秸秆等加工而成的一种多孔炭。

生物炭　　>>

生物炭数量丰富，渗透性强，可以通过加热农业废料制造，一旦重返土壤，它们可以在接下来的数百甚至数千年里在土壤中吸收碳。这个设想认为，将大量生物炭置于土壤之中，除了能吸收二氧化碳外，还能改善土质、提高粮食产量。生物炭则可以固定碳元素长达几百年，在生产过程中还可以产生有用的副产品。生产中，除了一部分变为生物炭，还有超过一半的物质可以变为可用于发电的物质和原油。

人造火山　　>>

在漫长的地质历史中，有很多次地球的降温与火山爆发有关。火山爆发时所产生的灰尘飞到天空可以遮挡阳光，地球温度也因此降低。于是有人突发异想，提议用人工产生的相同效果来抵消全球变暖产生的影响。

人造火山方案设想将大量的硫抛射到高空，人为在地球和太阳之间设置遮挡物，减少太阳对地面的阳光

◆火山爆发

直射，降低地面温度。更有人提出，使用喷气发动机、大炮或气球将硫带入空中，可以减少太阳照射产生的热量，而仅增加了少量的硫污染。可是，人造火山虽然降低了地球温度，但没有减少空气中的二氧化碳，显然是行不通的。

白色星球 ＞＞

有人提出将地球刷白，使用大量的白色涂料将地球上的房顶都刷成白色，让地球变成"白色星球"。大家知道，白色对光线的反射最强，所以白色的地球表面有利于反射更多的阳光从而为地球降温，想法够大胆吧！

造云船 ＞＞

云的存在可以有效地反射阳光，于是有科学家也打起了云的主意。科学家设想，可以在大海上造一些造云船，它们由风能驱动，漂浮在海面上，同时向天空喷射雾状海盐，从而形成海洋云。这种云比正常的云密度更高、更白，所以能将更多的太阳热量反射回太空。有科学家测算，"造云船"的造价相对低，将1000多艘部署在海面上，或许就能起到立竿见影的冷却效果。

铁粉入海 ＞＞

在几十亿年前，地球上氧气还很少，是大海里无数的藻类使得大气中充满了氧气，也造就了高级生命。有人便想，能不能通过藻类或者浮游生物改造大气中的二氧化碳。果然，人们发现浮游生物可以有效消耗大气中的二氧化碳。但是，怎么样才能让浮游生物大量地吸收呢？人们发现铁元素可以助长浮游生物，于是就产生了往海里洒铁粉这个看似疯狂的想法。

关于海中洒铁粉的方案已经进行过多次小规模试验，实验也支持了方案的基本假设。浮游生物利用铁进行光合作用并且生长迅速，在海里形成了一层厚厚的可吸收二氧化碳的海藻。海藻会吸收更多的二氧化碳，减少温室效应。

但相比起来，建立海藻农场好像更容易实施，在全球广泛建立海藻农场，用以吸收全球的二氧化碳。除此之外，人们还可以在收获海藻以后，将其变成可再生燃料，一举两得。

◆ 海藻农场